数字时代

洞察数字技术驱动下的消费新模式新业态

张　丽　何　伟◎主编

人 民 邮 电 出 版 社
北　京

图书在版编目（CIP）数据

数字时代 : 洞察数字技术驱动下的消费新模式新业态 / 张丽, 何伟主编. -- 北京 : 人民邮电出版社, 2024.7
ISBN 978-7-115-64327-8

Ⅰ. ①数… Ⅱ. ①张… ②何… Ⅲ. ①消费模式一研究一中国 Ⅳ. ①F126.1

中国国家版本馆CIP数据核字(2024)第084483号

内 容 提 要

本书首先从消费成为引领国内大循环的重要动力讲起，引出新模式新业态持续引领国内消费增长的现状；然后回顾我国改革开放至今消费历经的四次升级，并聚焦近十年数字浪潮下驱动的消费变革，从内在机理、政策实施、趋势特征、重点领域等维度详细阐述了我国消费新模式新业态的变迁，洞察数字技术驱动下我国消费发展呈现的六大新趋势，详细阐述六大细分领域的发展情况，逐一剖析我国消费升级中由人口、收入、结构、素质、就业、供给、安全等因素带来的问题和挑战，并提出推动消费新模式新业态持续健康发展的措施与建议。本书适合消费经济、新型消费研究领域的从业人员，以及相关专业高校学生阅读。

◆ 主　　编　张　丽　何　伟
责任编辑　张　迪
责任印制　马振武
◆ 人民邮电出版社出版发行　　北京市丰台区成寿寺路 11 号
邮编　100164　　电子邮件　315@ptpress.com.cn
网址　https://www.ptpress.com.cn
固安县铭成印刷有限公司印刷
◆ 开本：720×960　1/16
印张：11.25　　2024 年 7 月第 1 版
字数：155 千字　　2024 年 7 月河北第 1 次印刷

定价：79.90 元

读者服务热线：(010)53913866　印装质量热线：(010)81055316
反盗版热线：(010)81055315
广告经营许可证：京东市监广登字 20170147 号

释放内需活力　乘风破浪前行

消费是经济增长的“压舱石”和“稳定器”。作为拥有14亿多人口、人均国内生产总值超1.2万美元、中等收入群体规模超4亿人的大国经济体，中国拥有世界上最具潜力、最具成长性的超大规模市场，增长空间巨大。2023年以来，随着经济社会全面恢复常态化运行，消费潜力逐步得到释放，市场销售量总体保持较快增长，消费拉动作用持续显现。假期消费市场的繁荣活跃是经济向好的体现，也从侧面印证了中国经济韧性强、潜力大、活力足，中国经济大船将乘风破浪持续前行。

改革开放以来，我国消费升级的步伐从未停止。在国内消费市场中，既有许多领域实现“从无到有”的革命性升级，又有诸多方面实现“从有到精”的改善性升级。在这个过程中，科技进步深刻影响着大众消费。随着新一轮产业革命和科技变革深入发展，以及互联网、人工智能、大数据等技术飞速进步，数字时代加速到来，不断地改变着人类的生产方式和生活方式，催生了大量新产品新应用，培育了线上或线上＋线下融合的新模式新业态，推动我国居民消费加速由物质型、生存型向发展型、享受型转变，从注重量的满足向追求质的提升转变，从以商品消费为主向商品和服务消费并重转变，个性化、多样化消费渐成主流，人民生活品质明显提升。

历史的车轮滚滚向前，时代的潮流浩浩荡荡。《数字时代：洞察数字技术驱动下的消费新模式新业态》一书汇聚了中国信息通信研究院专家在信息消费领域、数字技术促进消费升级领域的长期积累和深度思考。本书从回顾我国过去40多年消费发展历程切入，逐步聚焦近十年数字浪潮下驱动的消费变革，共分为七章。第一章结合理论和数据分析，阐述了消费是引领国内大循环的重要动力，新模式新业态持续引领国内消费增长。第二章介绍了改革开放至今中国社会经历的四次消费升级，重点探讨了当前数字浪潮下消费新模式新业态的内涵范畴、居民消费变革的内在机理和总体特征。第三章归纳提炼了随着信息网络技术的进步，消费新模式新业态在融合方式、消费场景、服务模式、供给制造、终端载体、市场空间方面的六大新趋势。第四章梳理了近年来我国政府促进消费、推动新模式新业态健康发展、培育新型消费的一系列措施，为一批新兴行业、创新应用带来新的发展机遇。第五章选取了电子商务、在线旅游、在线教育、网络视频、在线租房、智能终端6个重点领域，呈现了这些新模式新业态的总体情况、发展历程和头部企业的成长故事片段。第六章分析了我国新型消费当前发展面临的一些问题和挑战。第七章提出了推动消费新模式新业态持续健康发展的举措和建议。希望本书能为关注或投身新型消费、数字消费领域的企业管理者、研究人员和从业人员等提供有益参考。

由于编写组时间、精力和水平有限，书中难免存在疏漏和不当之处，希望广大读者不吝指出，以便再版时修改完善。

编写组

2023年12月

目录

第一章
消费成为引领国内大循环重要动力

第二章
数字技术驱动消费新模式新业态蓬勃发展

第三章
消费新模式新业态呈现六大新趋势

第四章
促进消费新模式新业态的重大政策解读

第五章
重点领域消费新模式新业态发展情况

第六章 发展中仍面临一些问题和挑战

第七章 持续推动消费新模式新业态健康发展

第一章

消费成为引领国内大循环重要动力

国际环境复杂多变下扩大内需成为战略基点

近年来，我国发展环境和发展条件都发生了深刻的变化，“着力扩大国内需求”成为我国经济工作的重点任务之一。2022 年 12 月，中共中央、国务院印发了《扩大内需战略规划纲要（2022—2035 年）》，坚定实施扩大内需战略、培育完整内需体系，是加快构建以国内大循环为主体、国内国际双循环相互促进的新发展格局的必然选择，是促进我国长远发展和长治久安的战略决策。

（一）新发展格局下扩大内需战略基点的理论内涵

1. 统筹协调好供给与需求的辩证关系

在理论层面，需要坚持扩大内需这个战略基点，统筹协调好供给与需求的辩证关系，从而有效促进国民经济循环的畅通。

从社会再生产的角度看，供给与需求既对立又统一，贯穿生产、分配、流通和消费 4 个环节。**一方面，供给与需求存在统一性。**两者相互依存、相互转化，在社会再生产中具有很深的内在联系。供给基于生产环节，贯穿于分配环节、流通环节，满足社会再生产对生产资料的需求（即投资需求）和消费环节对生活资料的需求（即消费需求），从而对需求发挥支配性影响。需求主要包括投资需求和消费需求，在社会再生产过程中，投资需求服务于消费环节，而消费需求直接从属于消费环节。通过分配环节、流通环节和消费环节，人们对生产资料和生活资料的需求为供给提供了发展动力与发展方向。在市场经济中，本期或者短期的投资需求是对生产资料的需求，表现为以货币购买生产要素，而在下一期或长期则形成沉淀资产，对生产过程和技术状况产生决定性影响，并最终转化为对产品的供给。**另一方面，供给与需求又存在对立性。**需求形成的市场规模与结构是供给规模和结构的限制性条件。如果供给的商品和服务不适应买方需求和消费需要，就会变成无效供给和盲目生产。改革开放以来，我国在较长时期内形成以规模速度型粗放增长为特征的经济发展方式。由于受到需求规模和需求结构的限制，这种经济发展方式造成一些产业生产能力过剩。我国经济发展进入新常态以来，以劳动力低成本为基础的竞争优势逐渐减弱，以价格竞争为基础的低附加值粗放型数量扩张模式难以为继。因此，应通过提高供给质量来满足多样化需求，依靠扩大需求尤其是扩大内需来不断提升供给规模的拓展空间。国家统计局统计，全国城镇私营单位就业人员平均工资从 2010 年的 20759 元逐渐上升至 2022 年的 65237 元，全国城镇非私营单位就业人员平均工资从 2010 年的 37147 元逐渐上升至 2022 年的 114029 元。劳动者工资较大幅度的上升，虽然对供给形成较大的成本压力，但是为扩大消费需求进而扩大总需求奠定了良好的收入基础。

供给与需求良性互动，从而贯穿生产、分配、流通、消费 4 个环节，是畅通经济循环的必要条件和客观要求。马克思指出：“要想得到与各种不同的需要量相适应的产品量，就要付出各种不同的和一定量的社会总劳动量。”从物质生活资料生产的一般规律看，物质生活资料的生产与再生产，在结构上需要遵循社会生产与社会需求之间矛盾运动的基本客观规律，即按比例分配社会劳动的规律。按照这一客观规律，人、财、物的社会总劳动，要依据社会总需求按比例地分配到社会生产和国民经济中。

在微观使用价值层面，各种产品的社会生产与社会需求必须保持结构上的动态综合平衡，以实现在一定生产力条件下凭借最小的劳动消耗获取最大的生产成果。

在宏观经济层面，各个产业和各个经济领域要保持结构上的动态平衡。在商品经济中，社会生产与社会需求之间的矛盾运动具体转化为社会产品的供给与需求之间的矛盾运动。与此相适应，市场调节规律成为发挥决定性作用的按比例分配方式。在我国社会主义市场经济中，国家调节规律与市场调节规律相互结合，能够在功能上良性互补、效应上有效协同，从而推动供给与需求在总量与结构上的相辅相成。

因此，在构建新发展格局中，坚持扩大内需这个战略基点，需要遵循按比例的规律，统筹协调供给与需求在改革、发展、稳定方面的关系，依托强大的国内市场，贯通生产、分配、流通和消费 4 个环节，形成国民经济良性循环。在供给方面，既要优化产业、产品、服务等层次的供给结构，又要不断提高产业、产品、服务等层次的供给质量，从而促进整个供给体系与社会需求相适应；在需求方面，要从宏观政策体系上系统促进需求的合理增长，从而不断地推动供给与需求在较高水平上的正向互动。供给与需求良性互动如图 1–1 所示。

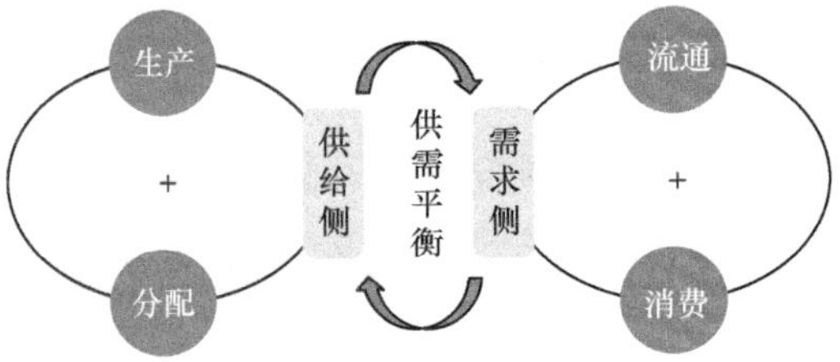

资料来源：中国信息通信研究院

图 1–1　供给与需求良性互动

2. 统筹协调好内需与外需的辩证关系

在理论层面，坚持扩大内需这个战略基点，需要统筹协调好内需与外需的辩证关系，始终坚持两点论与重点论的辩证统一，推动形成以内需为根本基础、内需和外需协调发展的整体需求体系。

在总需求相对稳定的条件下，内需与外需会形成此消彼长的关系。近年来，由于世界经济发展趋势和我国经济发展所依赖的生产要素禀赋条件（尤其是劳动力成本）的变化，我国产品和服务的国内需求与国外需求尽管都在总量上呈现不断增长的趋势，但是在一定程度上形成此消彼长的关系。

第一，过去一段时间内，我国经济增长较大程度上依赖国外需求，且能源资源等重要生产资料在较大程度上依赖进口，国外需求的波动对我国经济增长形成较大的影响。按不变价格计算，2005—2008 年，货物和服务净出口对国内生产总值增长贡献率一直保持在较高水平，2006 年，这一指标值达 14.3%。2008 年西方金融危机爆发后，由于世界其他较大经济体的经济增长速度持续走低，经济全球化遭遇逆流，国外需求对我国经济增长的正面拉动能力总体上处于较低水平。按不变价格计算，除 2012 年外，2009—2012 年，货物和服务净出口对我国国内生产总值增长贡献率一直是负值；2013—2022 年，货物和服务净出口对我国国内生产总值增长贡献率因国际经济环境的影响而大幅波动，但总体上处于较低水平。2022 年，货物和服务净出口对我国国内生产总值增长贡献率为 17.1%。从绝对数量看，2013—2022 年，我国货物和服务净出口同样呈现较大的波动态势：2018 年我国货物和服务净出口总额最低，为 7054.2 亿元；2022 年我国货物和服务净出口总额最高，为 39493.7 亿元。由此可见，国外需求的较大波动，使我国经济发展的不确定性增加。

第二，市场和资源两头在外的国际大循环状态，既不利于提高我国当前经济竞争力，又不利于实现绿色发展。一方面，市场和资源两头在外的国际大循环状态，会直接影响我国经济在全球价值链和产业链中的地位和竞争力。在进入新发展阶段以前的较长时期内，市场和资源两头在外的状态，使我国经济发展主要依靠以价格竞争为基础的低附加值粗放型数量扩张模式。与此相对应，我国主要产业处于国际分工链条的简单密集型劳动的中低端环节。例如，我国信息技术产业每年需要花费巨额资金进口核心部件芯片，才能进行电子产品的组装生产。2023 年，我国集成电路进口数量总额为 4796 亿块；从金额来看，我国集成电路进口总额为 3502 亿美元，占我国全年进口贸易总额的 13.66%。

我国相对较低的劳动力成本和相对较高的生产资料成本（尤其是技术含量较高的生产资料成本），使这一阶段我国经济在国际大循环中的最大竞争优势来自以相对较低的劳动力成本为基础的较低商品价格。另一方面，市场和资源两头在外的国际大循环状态，会对我国生态环境保护形成较大的压力。在国际大循环状态下，我国需要消耗更多的资源来实现简单劳动密集型产业的低附加值、粗放型数量扩张，而大量废弃物排放对国内生态环境和自然条件形成较大压力。因此，从提高经济长久竞争力和实现绿色可持续发展的角度看，我国市场和资源两头在外的国际大循环状态必须改变。

第三，我国国内总体需求表现出较为强劲的增长态势。2008 年全球金融危机爆发以后，我国经济增长大幅降低了对国外需求的依赖度，国内的消费需求和投资需求在总需求中的比重大幅增加。2009—2019 年，最终消费支出对国内生产总值增长贡献率逐渐稳定在 50% 左右，2015 年达到最高值 69.0%；资本形成总额对国内生产总值增长贡献率在震荡波动后，逐渐稳定在 50% 左右，2009 年达到最高值 85.3%。2020—2022 年，新冠肺炎疫情对国内消费和投资带来一些冲击，但这种影响是阶段性的。正常的经济秩序已经在快速恢复，经济运行回归正常轨道，消费和投资需求都在逐步回升。2023 年，消费呈现出较好的恢复态势，最终消费支出对经济增长的贡献率达到 82.5%，消费成为 2023 年带动经济恢复的重要力量。

第四，我国经济已形成较大的内需潜力。庞大的人口规模和强劲增长的经济总量使我国成为全球最大和最有潜力的消费市场，并具有巨大的增长空间。从人口规模看，国家统计局的数据显示，2023 年，我国人口超 14 亿人，这一人口规模是形成庞大市场需求的人口基础。从收入水平看，十年来，我国居民人均可支配收入从 2013 年的 18311 元上升至 2023 年的 39218 元，居民收入水平还有较大的提升空间。从绝对数量看，国际货币基金组织数据显示，2018 年，高收入国家调整后的人均国民净收入已达 35800 美元，而我国这一指标值在 2018 年仅为 5988 美元。从区域差异看，我国各主要经济区域之间的居民人均可支配收入差距仍然较大。2023 年共有 8 个省（直辖市）的居民人均可支配收入高于全国平均水平，分别是上海、北京、浙江、江苏、天津、广东、福建和山东。西藏、贵州、甘肃的居民人均可支配收入较低。从城乡差异看，2023 年，我国城镇居民人均可支配收入已达 51821 元，而农村居民人均可支配收入仅为 21691 元，不足城镇居民的一半。因此，庞大的人口规模、较快增长的收入水平及城乡区域收入增长空间，为国内需求潜力的形成奠定了坚实的基础。

近年来，我国经济发展实践表明，新时代我国经济发展需要统筹协调好内需与外需之间的辩证关系，立足国内大循环，使国内市场需求成为最终需求的主要来源，协同推进强大的国内市场和贸易强国建设，积极促进内需和外需相互联动，通过原创性、系统性创新不断拓展内需和外需的增长空间。

（二）新发展格局下扩大内需战略基点的重要意义

1. 扩大内需是现实基础

从国内发展来看，改革开放 40 多年来，中国居民在衣食住行用等基本生活消费水平上得到较大的提升，物质生活极大丰富，2020 年我国已实现全面建成小康社会的奋斗目标。2019 年中国人均国内生产总值（Gross Domestic Product，GDP）和人均国民总收入（Gross National Income，GNI）均已经超过 1 万美元，预计“十四五”末期，中国人均 GDP 将超过 14000 美元，迈过高收入门槛线，2035 年有望达到中高收入水平。参考国际经验，收入水平的提升，将会推动消费能力升级、结构加快转型、消费理念更新，人民对美好生活的向往将会更加强烈，消费在国民经济增长中的重要性还会进一步上升。

14 亿多人口的庞大市场、4 亿多中等收入群体、人均 GDP 超过 1 万美元的强大购买力，构成中国扩大内需的坚实基础，已成为中国经济发展的可靠保障和有力引擎，已成为拉动中国经济增长的主要力量，已成为中国经济平稳运行的“压舱石”和“稳定器”。从中长期来看，内需对中国经济社会发展的动力作用将持续增强。因此，坚持扩大内需，是扩大投资、顺应人民对美好生活的向往、提升人民获得感和幸福感，以及促进人们全面发展的重要举措。

2. 内需驱动是必然趋势

当前，支撑我国经济增长的因素正在发生深刻变化。一方面，全球经济衰退凸显，贸易摩擦不断加剧，我国经济发展面临严峻的外部环境挑战。另一方面，经济增长的需求动力正在从投资拉动转向消费拉动和创新驱动，我国拥有任何经济体都无法比拟的 14 亿多人口构成的超大规模市场优势，强大的国内需求将成为推动我国经济持续稳定增长的坚实基础。坚持扩大内需，加快培育新消费，进一步发挥消费的基础作用和投资的关键作用，有利于畅通国内大循环，缓解外部压力，提振发展信心，增强发展韧性，扩大回旋余地，提高自我调节能力，实现更充分的规模经济、范围经济、网络经济效应。

从国际经验来看，内需驱动也是必然趋势。当前，面对全球经济缓慢复苏、市场萎缩的外部环境，内需驱动符合当下中国经济高质量发展的内在要求，也顺应了国际期待。对其他经济体而言，在构建发展新格局的过程中，中国需要世界，世界也需要中国，而且中国的地位将因市场扩张和技术进步而越来越重要。我国在数字经济、互联网、新能源汽车等领域处于领先地位，拥有独一无二的市场应用优势。

3. 精准施策是内需战略

“十四五”是我国建设现代化经济体系、加快转型升级的关键时期，迫切需要建设现代产业体系，增强产业链供应链自主可控能力，推动我国产业迈向全球价值链中高端。坚持扩大内需，特别是抓住消费升级和科技创新机遇促进和发展新消费，有利于为各类创新创业提供坚实的市场支撑和丰富的应用场景，有利于形成市场导向的产业升级和结构调整，加快促进制造业高质量发展和生产生活服务业发展壮大，抢占核心产业链的高价值环节，实现内需消费发展与促进产业升级、壮大市场主体的协同共进，形成需求牵引供给、供给创造需求的更高水平动态平衡，从而增强经济发展的内生动力。

更好地实施扩大内需战略，应围绕做强做优做大国内市场展开。以满足消费需求为立足点，把扩大内需与推动产业转型升级结合起来，把供给与需求结合起来，做强做优做大国内市场；以引导积极向上的消费需求为方向，对消费爱好、消费风尚、消费知识等方面进行有意识的指导，有利于提高消费水平，建立合理的消费结构和产业结构；以创造更多的潜在消费需求为着力点，锻长板、补短板、树新板、强主体，加快消费型基础设施建设，促进投资和消费相互促进、循环增长。

消费对经济发展的“压舱石”作用日益显现

消费是社会再生产的终点，是生产的最终目的和动力，对经济发展具有持久的拉动力，是人民对美好生活需要的直接体现，事关保障和改善社会民生。推动构建新发展格局，就是要充分发挥我国超大规模市场优势，着力提升消费质量，加快消费升级，更好地发挥消费拉动经济的基础性作用。从长期来看，我国消费市场规模大、潜力足、韧性强的基本特点不会改变，消费市场长期稳定增长和加快转型升级的发展态势不会改变。我国消费市场仍将保持平稳增长，为促进国内大循环贡献重要力量。

（一）消费是推动经济高质量发展的持久动力

我国经济发展正在从以往的投资和出口拉动，向国内需求特别是消费需求拉动转变。国内需求特别是消费需求成为拉动我国经济增长的主要引擎，是国民经济平稳运行的“稳定器”和“压舱石”。潜力巨大的国内需求将成为我国经济高质量发展的强大动力，要扩大内需特别是扩大消费需求，形成需求牵引供给、供给创造需求的更高水平动态平衡，提升国民经济体系整体效能。

消费成为拉动经济增长的第一动力。多年来，国内市场规模稳步提升，2022 年，社会消费品零售市场规模超过 43 万亿元，比 2015 年增加超过 15 万亿元。消费对经济增长的主引擎作用持续显现，2023 年，社会消费品零售总额达到 47.1 万亿元，同比增长 7.2%，保持较快增长；2023 年，最终消费支出对经济增长的贡献率达到 82.5%，经济抗冲击和抗风险能力较强。2023 年以来，各地各部门坚持把恢复和扩大消费摆在优先位置，接连推出一系列促进消费的政策措施，组织开展了绿色消费季、国际消费季、双品网购节等丰富多彩的促进消费活动，形成更多的消费新场景、新模式、新供给，推动消费市场持续回升向好。2021—2023 年三大需求对国内生产总值增长的贡献率如图 1–2 所示。

（二）消费是畅通国内大循环的关键环节和重要引擎

当今世界正经历百年未有之大变局，国际环境和竞争形势日趋复杂，不稳定性、不确定性因素明显增加，世界进入新的动荡变革期，市场和资源两头在外的国际大循环动能明显减弱。根据新发展阶段的新形势、新任务和新要求，党中央做出了推动形成以国内大循环为主体、国内国际双循环相互促进的新发展格局的重大决策。促消费、扩内需是畅通国民经济循环的重要支撑，必须高度重视其重要作用，充分发挥消费对畅通经济循环的牵引和带动作用。

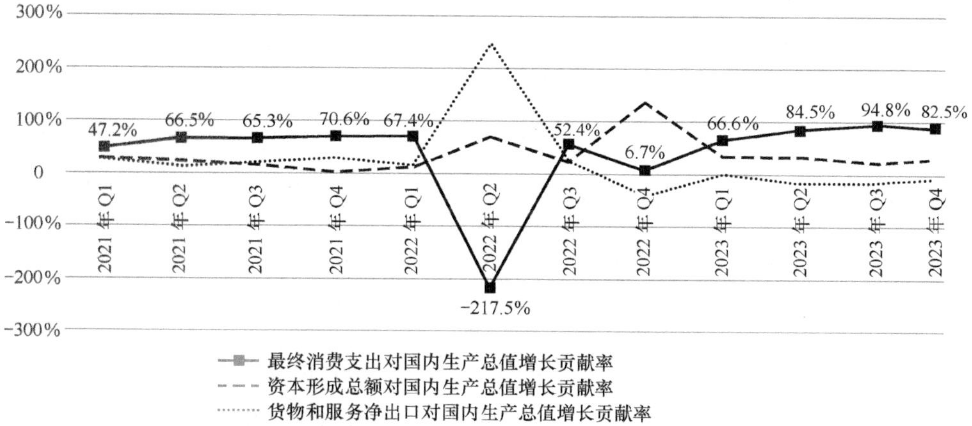

数据来源：国家统计局

图 1-2　2021—2023 年三大需求对国内生产总值增长的贡献率

消费提质扩容推动供给方式不断创新。随着城乡物流配送体系的不断完善、互联网特别是移动互联网普及率的日益提高及网络购物用户数量的持续增加，我国网络零售规模稳步扩大，对零售市场的拉动作用不断增强。如今，人们线上消费的意愿更高，大中小型企业为适应市场变化，推进线上＋线下融合发展的意愿增强，客观上加快了消费品市场转型升级和供给结构优化的步伐。

（三）消费是满足人民对美好生活需要的重要内容

中国特色社会主义进入新时代，我国社会发展的主要矛盾已经转化为人民日益增长的美好生活需要和不平衡不充分的发展之间的矛盾，人民期盼获取更高品质、更加安全、更为便捷的消费体验。新时代促进新消费，要坚持以人民为中心的发展思想，不断满足人民对美好生活的需要，不断提供更新、更优、更好的各类商品和服务，满足人民多样化、个性化、智能化升级的需求，不断开拓新的消费领域和消费方式，持续改善和丰富人民生活。

我国居民消费结构加速升级。收入是消费的前提和基础，居民收入水平的提升是消费升级的重要动力和基础条件。国家统计局数据显示，我国居民人均可支配收入持续提升，2023 年达到 39218 元，收入的增加提升了居民消费能力，增强了居民消费信心。从消费结构看，2023 年我国居民恩格尔系数为 29.8%，比 2022 年下降了 0.7 个百分点。品质化、个性化、多样化消费活跃，智能可穿戴设备、智能家用电器等商品消费量快速增长。中高端商品消费中，交通通信、教育文化娱乐支出分别增长 14.3%、17.6%，高于基本需求消费总额和社会消费品零售总额的增速。消费结构的升级将持续带动产业结构的调整升级，从而促进经济快速增长，为满足人民日益增长的物质文化需要提供稳固根基。2013—2023 年我国居民人均可支配收入变化情况如图 1–3 所示。

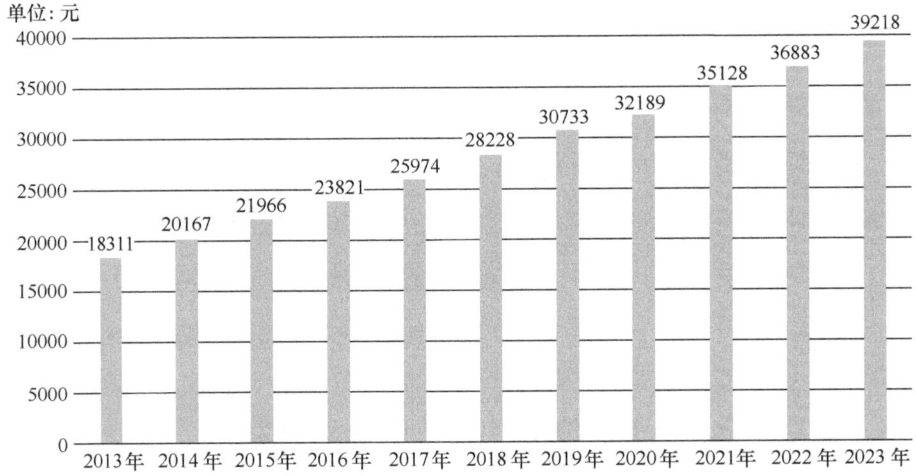

数据来源：国家统计局

图 1–3　2013—2023 年我国居民人均可支配收入变化情况

新模式新业态持续引领国内消费增长

（一）新模式新业态巩固扩大传统消费

新一代信息技术与经济社会融合程度不断加深，信息消费的内容不断延伸。

数字服务和产品快速创新迭代，软件应用和数字内容等付费规模持续增长，面向“双千兆”网络的应用和智能终端加速升级，物联网、云计算等服务垂直行业的信息消费产品进一步推广，不断形成一个又一个新兴消费热点。例如，5G商用带动 VR/AR、赛事直播、虚拟购物等新型服务快速发展和可穿戴设备等新型智能终端加速普及，2020—2025 年 5G 商用有望带动信息消费 8.2 万亿元。电子商务、网络约车、在线教育等线上 + 线下融合消费规模进一步拓展，通过模式创新降低社会交易成本、促进商品服务流通，在激活传统消费活力等方面发挥了重要作用。数字技术与传统消费各领域深度融合如图 1–4 所示。

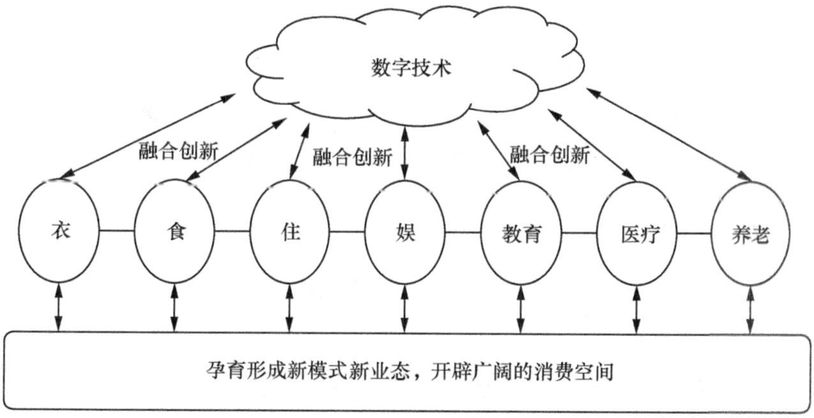

资料来源：中国信息通信研究院

图 1–4　数字技术与传统消费各领域深度融合

（二）新模式新业态带动产业结构优化升级

巨大的新型消费市场直接带动信息技术产业全链条发展，不断提升产业竞争力和附加值。2023 年，ICT 产业收入规模达到 41.4 万亿元，同比增长 9.1%，数字产业化对传统产业改造升级作用日益凸显，对 GDP 贡献持续提升。人们对智能化产品和集成化服务的需求强烈，驱动市场主体积极围绕对新型消费的旺盛需求扩大投资、推动创新和优化生产，不断提升生活性服务业效率，加快智能终端等产品研发上市速度，催生了一大批极具活力的新产业、新模式、新业态，增强供给体系对国内需求的适配性。新型消费加速供需互动，推动信息通信技术在生产、分配、交换和消费各环节的应用持续深化，不断提升生产经营效率，提高全要素生产率。新型消费推动供需互动和产业创新如图 1-5 所示。

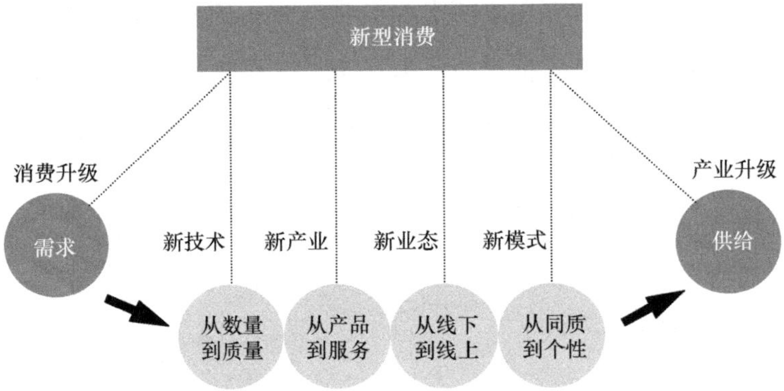

资料来源：中国信息通信研究院

图 1-5　新型消费推动供需互动和产业创新

（三）新模式新业态带动相关基础设施建设

新型消费需求的持续释放，推动我国新型信息基础设施超前部署。到 2025 年，我国 5G 网络建设投资累计将达到 1.2 万亿元，带动产业链上下游及各行业应用投资超过 3.5 万亿元。基于网络应用的新型消费业态有助于形成可持续的商业模式，加快网络基础设施建设投资收益实现。与此同时，新业务的繁荣发展对网络部署提出了更高的要求，倒逼信息基础设施建设提速和网络质量提升，缩短建设投资周期。2023 年，中国移动、中国联通、中国电信和中国铁塔共同完成电信固定资产投资 4205 亿元，比 2022 年增长 0.3 个百分点。如今，视频、社交、网络购物、移动支付、在线教育等线上业务大规模推广，全球通信需求激增，对各国信息基础设施建设提出了更高的挑战。在此情况下，《工业和信息化部关于调整 700MHz 频段频率使用规划的通知》发布，将 700MHz 频段用于 5G 建设部署。2021 年，工业和信息化部印发了《“双千兆”网络协同发展行动计划（2021—2023 年）》，大力推动千兆光网和 5G 网络覆盖和升级。2018—2023 年电信固定资产投资和同比增速如图 1-6 所示。

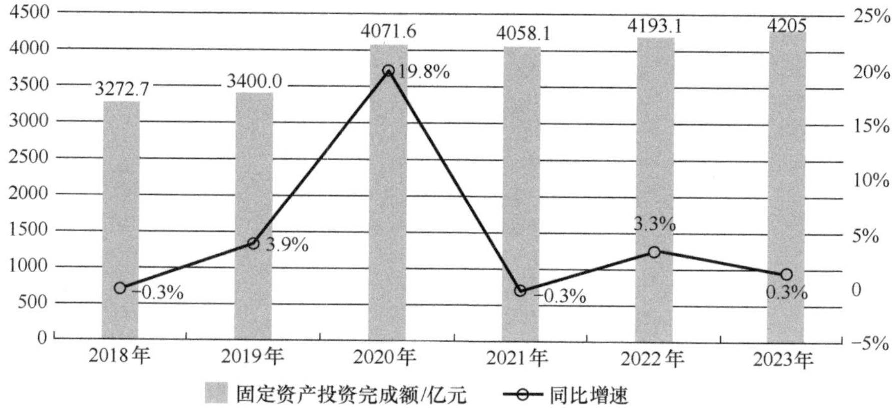

数据来源：中国信息通信研究院

图 1-6　2018—2023 年电信固定资产投资和同比增速

（四）新模式新业态创造更多的就业岗位

不断涌现的信息消费热点与新业态打破了传统就业的时间和空间界限，就业吸纳能力大幅增强。新职业不断涌现，2020 年，人力资源和社会保障部、国家市场监督管理总局、国家统计局发布区块链工程技术人员、互联网营销师、在线学习服务师等 9 个新职业，进一步满足新型消费对相关人才的需求。随着新型消费需求扩大，参与就业的人数快速增长。根据人力资源和社会保障部 2023 年 6 月的数据显示，随着短视频、直播带货等的兴起，我国网络直播用户规模达到 7.65 亿人。第九次全国职工队伍状况调查数据表明，全国职工总数 4.02 亿左右，其中新就业形态劳动者约 8400 万，占总数的 20% 左右。新就业形态劳动者主要包括主播、外卖骑手和网约车司机，目前这些行业陆续涌入大量人员，其中不乏青年群体。在直播与短视频领域，根据《中国网络表演

（直播与短视频）行业发展报告（2022—2023）》，截至2022年，中、头部直播平台约20家，中、头部短视频平台约15家。直播、短视频行业直接或间接带动就业机会超1亿个，成为青年群体的择业新选择。

第二章

数字技术驱动消费新模式新业态蓬勃发展

改革开放至今，中国社会经历四次消费升级

（一）第一次消费升级：1978—1992 年，中国消费市场从短缺型向温饱型转变

这一阶段的中国处于商品供应短缺阶段。1978 年，中国城镇居民家庭的恩格尔系数是 57.5%，农村居民家庭则是 67.7%，而同期日本居民家庭的恩格尔系数不到 30%。改革开放前，吃饱饭是中国人民群众最大的生活需求。这个阶段的物资不够丰富，还保留着计划经济时期的各种票券（例如，粮票、布票、煤票、肉票、肥皂票等）。改革开放后，我国开始引入市场机制和国外资源，消费品增加，中国逐渐摆脱物资匮乏的局面，消费品的种类由单一变得多样，广告开始出现并得到人民群众的认可。20 世纪 70 年代的日用品“四大件”（自行车、缝纫机、手表、收音机）成为居民消费内容。20 世纪 80 年代的人民群众不满足于初级“四大件”（单门电冰箱、黑白电视机、单缸洗衣机、单卡收录机），还在追求高级“四大件”（双门电冰箱、彩色电视机、双缸洗衣机、双卡收录机）。粮食消费占比开始下降、轻工产品消费占比上升。这一转变拉动了我国轻工、纺织产品的生产，带动了相关产业的迅速发展。第一次消费升级日用品“四大件”的变迁如图 2-1 所示。

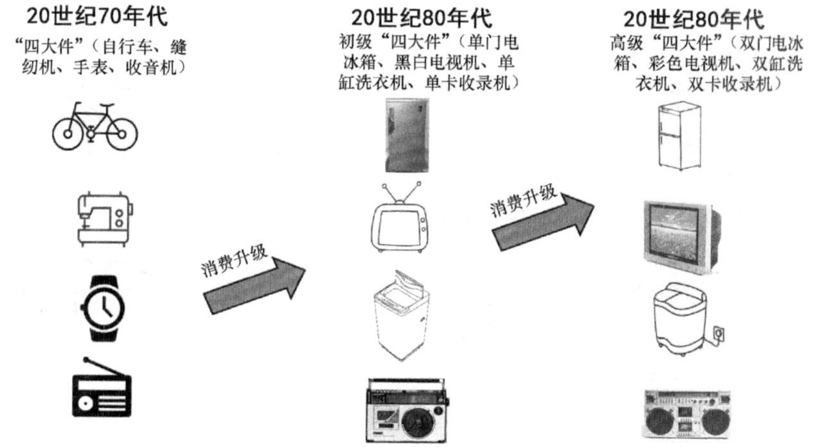

资料来源：中国信息通信研究院

图 2-1　第一次消费升级日用品“四大件”的变迁

（二）第二次消费升级：1992—1998 年，中国消费市场从温饱型向舒适型转变

1992 年，随着社会主义市场经济的建立和发展，消费观念由追求数量转向追求质量。人们开始追求更好的消费体验、更高的生活质量，与“消费者权益”相关的话题逐渐成为社会热点，消费市场向着更加规范的方向发展。人们消费选择增多，消费意识开始超前，消费品差异化让人们的品牌观念日益强烈。这一阶段，人们对新兴家用电器、家具的消费需求猛增，家庭建设又向新的消费目标迈进，家电“四大件”又变成空调、录像机、个人计算机、手机。1998 年，中国进入住房分配货币化阶段，购买商品房成为城镇居民的一大消费开支。在整体消费需求中，住房消费成为一大支柱，并对建筑装潢、家电器材等消费项目有显著拉动效应。汽车消费成为与住房消费同样重要的两大消费支柱之一，其发展有力推动了遍布城乡的文化娱乐等闲暇消费设施的建设。城镇居民对健康、医疗、教育、旅游、娱乐、通信的消费拉动了服务业的快速发展。第二次消费升级变迁如图 2-2 所示。

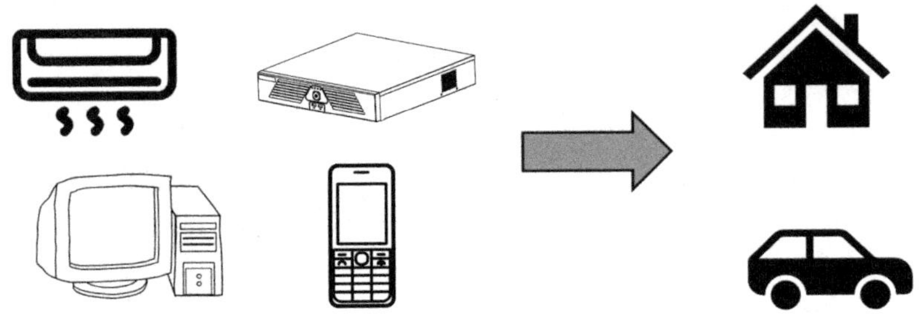

资料来源：中国信息通信研究院

图 2-2　第二次消费升级变迁

（三）第三次消费升级：1998—2018 年，中国消费市场从舒适型向富裕型转变

这一阶段中国经济发展模式由出口导向型转向国内消费型。2008 年，西方发达国家先后经历了金融危机和经济衰退，而中国却开启了新一轮的“黄金十年”。这十年，中国消费市场飞速发展，中国消费者成为全球奢侈品消费的重要力量。中国汽车市场规模超越美国，稳居全球汽车销售量榜首。中国的电子商务和移动支付都处于全球领先水平。居民消费层次较上个阶段显著提升，发展型、享受型消费比重也不断上升。珠宝首饰、新潮家具、智能家电和各种新式的生活用品受到越来越多的人青睐，人们的消费更加多样化、个性化、品质化。消费重点由 20 世纪 80 年代的衣食，到 20 世纪 90 年代的住行，再到 21 世纪以来的多元化领域（包括智能手机、旅游、体育、休闲、康养等）。

这个阶段，最大的消费特征是网络购物与电子商务的兴起。线上 + 线下融合，移动智能终端支付，居民消费方式发生根本性变化。2007 年，第一代苹果手机诞生，智能手机开始真正进入中国市场。2009 年以来，以网络购物、移动支付、旅行预订为代表的商务类应用持续快速增长，并引领其他互联网应用发展。移动支付形式便捷多样，网络购物普及范围广，消费者逐渐改变购物习惯、购物方式和购物观念。

回溯互联网发展，我国 1994 年出现了互联网，1998 年出现了第一笔网上交易，但网络购物与电子商务的普及和兴盛还是在 2008 年之后。2008 年，中国成为网民人数最多的国家。2009 年，中国电子商务公司阿里巴巴创设了“双 11 购物狂欢节”。2013 年，中国超越美国，成为全球最大的网上零售市场。2016 年，阿里巴巴旗下的天猫和淘宝“双 11 购物狂欢节”营业额（1207 亿元）首次超过美欧“黑五网一”的总收入。2018 年，天猫和淘宝“双 11 购物狂欢节”创造的全网零售额（2135 亿元）更是美国“黑色星期五”购物节的 7 倍。第三次消费升级变迁如图 2–3 所示。

资料来源：中国信息通信研究院

图 2–3　第三次消费升级变迁

（四）第四次消费升级：2018 年至今，中国消费市场从富裕型向发展型和享受型转变

2019 年，大量的商品消费和服务消费加快向线上迁移，线上消费占整个消费市场的比重持续提高。线上消费还在不断地进行场景创新和业态创新，例如，社交电子商务、直播带货、短视频、兴趣电子商务等。集贸市场、农贸市场、农产品批发市场、社区小店等线下传统业态都在加快转型线上，成为线上和线下平台互动的重要通道。

线上消费在保障人们日常生活需要、推动经济稳步回升等方面发挥了重要作用，部分线下消费转移至线上，线上消费黏性增强。中国消费者在网络购物中最有兴趣购买的物品是衣服、鞋子、家电和食品。数字文化娱乐服务也受到消费者喜爱，视频、游戏等用户迅速增加，在线教育、线上办公等迅速兴起，网络授课、视频会议等成为居家生活新常态。同时，互联网在中老年人群中迅速普及，其线上消费频率与深度均有明显提升。第四次消费升级变迁如图 2–4 所示。

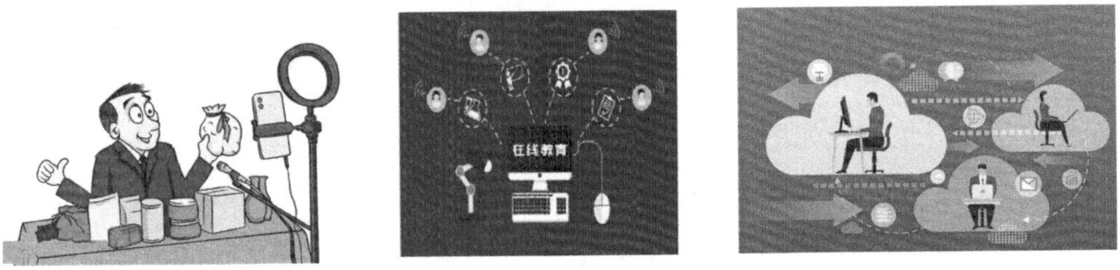

资料来源：中国信息通信研究院

图 2–4　第四次消费升级变迁

数字驱动消费新模式新业态的范畴不断拓展

自 21 世纪以来，新一代信息技术变革深入推进，信息领域新产品、新服务、新业态大量涌现，不断激发新的消费需求，成为日益活跃的消费热点。2022 年前三季度，中国信息消费规模超过 5 万亿元，成为经济增长的有力支撑。在线医疗、在线教育、线上办公等新型信息消费快速增长，为保障经济稳定运行发挥了重要作用。信息消费已成为驱动我国经济高质量发展的新动能。

2013 年 8 月，《国务院关于促进信息消费扩大内需的若干意见》发布，当时正处于 3G 移动互联网兴起阶段，信息服务消费和信息产品消费逐渐发展起来，其中，信息服务消费主要包括语音服务、互联网接入服务、信息内容服务、软件应用服务，信息产品消费主要包括功能手机、智能手机、平板计算机、微型计算机、智能电视机、IPTV 终端。2013 年信息消费的内涵和范围见表 2–1。

表 2–1　2013 年信息消费的内涵和范围

信息消费	信息服务消费（4类）	语音服务
		互联网接入服务
		信息内容服务
		软件应用服务
	信息产品消费（6类）	功能手机
		智能手机
		平板计算机
		微型计算机
		智能电视机
		IPTV终端

资料来源：中国信息通信研究院

此后，随着 4G/5G、人工智能等新一代信息通信技术的不断演进升级，信息消费的内涵、外延不断扩展。2017 年 8 月，《国务院关于进一步扩大和升级信息消费持续释放内需潜力的指导意见》发布，提出了打造信息消费升级版，信息服务消费从过去以线上为主转向线上 + 线下相结合，依托互联网平台实现线上 + 线下协同的新模式新业态，例如网络购物、网络约车、共享单车、在线教育、远程医疗等；信息产品消费从传统智能手机、电视机、计算机向智能可穿戴设备、智能网联汽车等物品不断延伸。2017 年信息消费升级版的内涵和范围如图 2–5 所示。

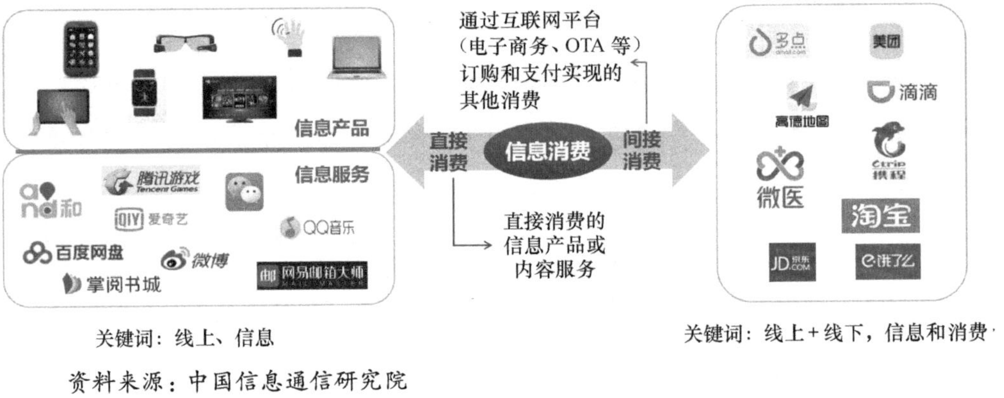

图 2-5　2017 年信息消费升级版的内涵和范围

数字经济时代居民消费变革的内在机理

消费是马克思、恩格斯在其经典著作中论述颇多的重要内容，与社会发展和人的发展密切相关。马克思坚持唯物社会历史观，运用唯物主义辩证法，批判继承了西方古典政治经济学的消费理论，科学阐释了生产、分配、交换和消费等领域的对立统一关系与系统整体性，高度概括了消费的本质，彰显了其研究视角的宏观优势。马克思在《〈政治经济学批判〉导言》中，深刻地论述了消费对于生产的不可或缺性，认为消费创造了生产的主体对象，体现了生产的价值。数字经济深刻地改变了现代经济的生产和消费的具体形式，促进了居民消费习惯和行为的新变迁，也催生了居民消费与新的生产之间的机理关系。数字经济对居民消费的影响也验证了马克思生产与消费统一性理论的科学性与时代价值。

（一）生产决定消费仍是数字经济时代的基本逻辑

在数字经济发展的过程中，用数字技术改造生产、管理、流通、销售等流程，聚焦产品和服务品质，大幅降低了成本，同时降低了中小型企业吸收新技术的门槛，成为中国制造的新引擎。同时，发展数字经济有利于扩大居民消费市场，提高消费质量和水平，有利于发现新的消费热点，带动相关产业升级，创造新的就业机会，为生产和消费创造动力，拉动经济增长。以数据和信息作为核心要素，网络化、数字化、智能化不仅能带来源源不断的新型商品，这些新型商品还包含了劳动价值的增值和社会关系的延伸拓展。例如，以智能产品为代表的新型商品聚集人的智慧，提高社会劳动的整体价值，正是生产力的提高，使居民充分享受社会发展的红利和成果。

（二）新的居民消费会反作用于生产过程

数字经济作为新业态，以科技创新为支撑。发展数字经济有利于推动创新驱动发展战略实施，加快实现传统产业的转型升级。在传统产业转型升级的过程中，数字经济赋能企业高质量发展，一些新技术的发展也为数字经济服务企业提供了技术动力。在数字经济时代背景下，互联网、电子商务平台等消费方式的多元化也引发了居民消费需求的多元化，居民对个性化定制的追求，挑战了传统的标准化和大批量生产模式，居民消费需求数据和信息也将被收集反馈，并成为研发决策的依据，从而满足日益个性化与多元化的消费需求，客观上催生了居民全过程参与的新生产方式。在深度参与模式下，生产者更易获取居民消费信息并将其投入生产要素的组织过程，促进生产方式和数字要素的再整合，进而不断提高生产力。

（三）数字技术推动生产方式的重构与深度融合

在《资本论：政治经济学批判》中，马克思指出："物质生活的生产方式制约着整个社会生活、政治生活和精神生活的过程。"在数字经济的驱动下，现代社会生产方式发生了深刻的变革。首先，数字技术与生产流程深度融合。大数据、工业互联网等正深度融入设计、配料、生产、流通等环节，有效解决了供给侧和需求侧的信息不对称问题，以及生产的信息约束问题。数字技术将生产数据信息融入产业互联网、消费互联网等平台中，丰富消费内容的同时也推动了生产提质增效。其次，数据整合与要素重组优化，实现价值共创。借助工业数据、工业互联网等数字经济新业态，将工厂、车间乃至生产线所涉及的人、财、物等资源进行重新组合与分配，提高了传统制造的质量和效益，实现多主体、多层级的价值共创。最后，数字技术的应用实现了生产模式变革与产品升级的同步推进。历经数字技术应用及生产要素的重组后，产品更新换代周期大幅缩短，更为重要的是，生产模式的变革催生了新产品层出不穷和质量提升。

（四）数字经济促进了生产方式与居民消费之间的循环升级

在数字经济时代，大数据、互联网和人工智能等数字经济模式已深度嵌入生产与消费各个环节及中间过程，并带来多重生产要素的重新组合和分配，提高了产品生产力，并衍生出新产品。新产品的衍生又循环创造了大量的新需求，产品消费开始普及，培育了人的消费力，并形成新的消费习惯。消费意识和消费习惯的形成是引发消费行为的内因，尤其是在消费力得以满足之后，消费行为将自然循环产生，居民的延续性消费行为推动了消费结构由低层级向高层级转变，马克思基于人的发展规律提出：人的发展与消费结合可促进消费升级，暗含了消费习惯和消费行为变革将直接引发消费结构的变迁与升级。

（五）数字经济改变了居民消费行为与消费决策

从外部看，居民消费行为与消费决策受外部环境影响，即示范效应；从内部看，当期消费行为与消费决策依赖于历史消费水平和消费习惯，即棘轮效应。数字经济时代的城市、乡村居民消费均更明显地受示范效应的影响，稳固性消费习惯受到挑战，互联网技术及大数据技术的进步提高了信息级联传递的便捷性，也强化了消费的示范效应。跨期消费和超前消费正催生网络消费新理念，居民新的消费行为、消费习惯正在养成，消费习惯形成的周期较短。

数字经济背景下居民消费变革的总体特征

受数字经济与数字技术的驱动，居民消费表现出强劲的态势，呈现出新的消费特征。数字经济新业态不仅改变了传统生产服务模式下的消费情景与模式，缩小了城乡消费差距，带动了消费环境层次升级，而且衍生了居民消费习惯、消费方式、消费理念和消费结构的新特征。

（一）消费环境特征及变迁

1. 数字经济逐步促进城乡居民消费差距缩小

受互联网技术、大数据及人工智能等技术为代表的数字经济新业态影响，在居民消费差距进一步缩小的同时，农村居民消费潜力得以深度挖掘，消费需求多元化趋势明显，消费结构持续优化。《2018 年中国数字经济发展报告》显示，在数字经济效应下，2018 年不同城市的消费增速打破“次元壁”，三、四线城市的数字化消费迅速增长，更高品质的产品、更优的服务在数字技术赋能下实现了无差别触达。更值得关注的是，农村的数字消费增速全面超越了一线城市、新一线城市和二线城市的增长速度。这是数字技术普惠性的重要表现。

2. 数字经济时代信息消费的营商环境与体系不断完善

从平台体系看，京东、拼多多、淘宝等电子商务平台不断增加，可以丰富居民的消费选择；其次，无论是手机、家用电器、服饰等家庭日用品，还是汽车等大型商品，平台的种类都比较丰富，可以满足居民的众多消费需求。从金融支持看，数字经济的大力发展，降低了金融机构的交易成本，推动了金融高质量发展。此外，互联网金融的出现为数字经济提供了便捷的支付方式。从政策环境看，近年来，一系列相关政策出台，基础设施及相关法律法规逐步完善，为数字经济的发展提供了良好的政策环境。从配套物流看，目前，电子商务的物流形态主要分为两种模式，包括自营模式和第三方运营模式。但是，无论哪种模式，随着我国基础设施的完善及交通工具、交通方式的改进，都促进了物流系统的完善、功能的多样化，提高了物流配送效率，使网络购物越来越便捷。

（二）居民消费个体特征及表现

1. 信息消费趋于个性化与特色化

数字经济时代的信息消费与传统实体经济的消费方式相比，更具有个性化、特色化及多元化的特征。在数字经济背景下，由于互联网科技的推动，消费的个性化、特色化及多元化已经成为居民消费不可替代的特征。居民可以对网络产品进行个性化、特色化及多元化定制，使其个性化需求得到实现、尊重和发展。消费个性化、特色化及多元化的新特征，不仅能够使居民个性化的消费需求得以实现，也可以为数字经济的发展开发更多的消费市场与消费群体。

2. 数字经济凸显了城乡居民的消费主导性

首先，数字经济凸显了居民在产品价值链中的消费主导地位，互联网、大数据等数字技术使居民获取并接受新产品和新服务信息的能力大幅提升，对产品及服务线上筛选和线下体验主导了其消费行为偏好；其次，数字经济及其技术成果拓宽了居民的消费途径，缓解了居民消费的流动性约束，尤其是农村电子商务、网络购物等交易平台使农村居民消费内容丰富，推动了消费的提质增效。

3. 信息消费的边际成本递减效应明显

由于经济转型及科技革命的影响，我国大多数传统生产服务性行业出现了边际收益逐渐下降的现象，但数字经济背景下的消费却没有出现边际收益递减的现象，某些领域与产业还可能会出现边际收益递增的现象。由于信息在网络上的共享性，网络消费产品可以复制，不会造成边际成本增加。

4. 居民消费结构优化调整，消费品质迭代升级

数字经济时代的生产方式及科技革命为城乡居民提供了丰富的信息产品资源和各种类型的实体经济产品，提升了消费的便利性，满足居民个人全面发展的需要，推动城乡居民向获取自我实现、自身自由、自我愉悦的新产品开发策略倾斜。目前，居民的网络消费模式正在从生存型模式向发展型模式及自我实现模式、享受型模式转变，这说明数字经济时代我国居民的消费品质正在迭代升级，发生着新变化。

5. 数字经济条件下居民消费行为的不确定性增加

从选择上看，相较于传统的线下消费，数字经济激发了居民消费行为的不确定性与风险性，在消费行为上表现为消费对象选择的不确定性增加；由于网络环境的信息过载和信息冗余，对产品信息过度敏感的居民极易陷入选择困境，其消费行为的产生很大程度上取决于筛选信息的能力。

总之，在以数字技术为核心力量的数字经济的驱动下，居民消费出现城乡居民消费差距缩小、信息消费营商环境与体系不断完善、信息消费趋于个性化且边际成本递减效应明显、消费结构优化调整加快、消费品质迭代升级加快、消费行为不确定性增加等新特征。

第三章

消费新模式新业态呈现六大新趋势

随着信息网络技术的不断进步，互联网新业态、新模式、新产品不断涌现，推动信息消费持续扩大升级。从近 10 年来看，我国信息消费发展经历了以下 3 个时期：一是 2009 年 3G 牌照发放，移动互联网逐渐兴起，网络游戏、电子邮箱、博客、即时通信等移动互联网业务快速崛起，互联网流量入口之争白热化，3G 手机、笔记本计算机、智能电视机等信息终端占据市场主流，信息消费进入以“纯线上、信息消费”为主要特征的 1.0 发展阶段，信息服务和信息产品本身的消费占据主导位置；二是 2013 年年底和 2015 年年初分两批发放 4G 牌照后，移动网络速度、时延和带宽较 3G 显著提升，云计算、数据中心日渐完善，为我国高清视频会议、实时视频监控等大带宽实时性应用和终端发展创造了良好的条件。同时，纯线上互联网业务逐渐饱和，互联网开始与交通、出行、餐饮、零售等传统行业融合创新，催生了共享出行、网上点餐、在线旅行等线上 + 线下相结合的新模式新业态，4G 手机、智能可穿戴设备、智能家电、高性能平板计算机等新型网络终端蓬勃发展，信息消费进入以“线上 + 线下、信息 + 消费”单向融合渗透为主要特征的 2.0 发展阶段，融合消费处于多场景的培育成长期；三是 2019 年 6 月 5G 牌照发放，开启“超高速、低时延、广连接”的移动互联新时代，千兆光纤 /5G 网络、超大规模数据中心、人工智能、工业互联网、物联网等新型基础设施带来传输、连接、计算、平台等综合能力的飞跃，超高清视频、远程手术、智慧超高清远程互动教学、校园安全等场景积极探索 5G 应用，加速培育云游戏、云旅游、云展览、无人零售等新业态，VR/AR 在智能制造、工业和建筑设计、健康医疗、游戏娱乐、旅游体验、文化传播等领域不断拓展，5G 手机、无人机、智能服务机器人、智能网联汽车、4K 超高清电视机等产品性能不断增强，信息消费逐步迈向以“线上 + 线下、信息 + 消费”双向融合渗透为主要特征的 2.0 深度拓展阶段，融合消费迎来全场景的深度拓展期，消费模式持续衍生发展。

目前来看，在新一代信息技术高速发展的环境中，我国信息消费 2.0 深度拓展阶段的雏形特征已经初步显现，“线上＋线下”双向融合、视频化场景、无接触服务、个性化定制、泛在化终端等新变化新趋势更加凸显。信息消费 2.0 深度拓展阶段既有“从有到优”，即深度和广度的延展，也有“从无到有”，即全新业态的诞生。未来 3～4 年，全场景下的融合消费将伴随新一代信息技术的进步，给人们带来更多未知的新消费产业和新消费业态，引发全领域、全要素、全场景、全渠道的经济社会生产生活的全新变革。我国信息消费发展总体架构如图 3-1 所示。

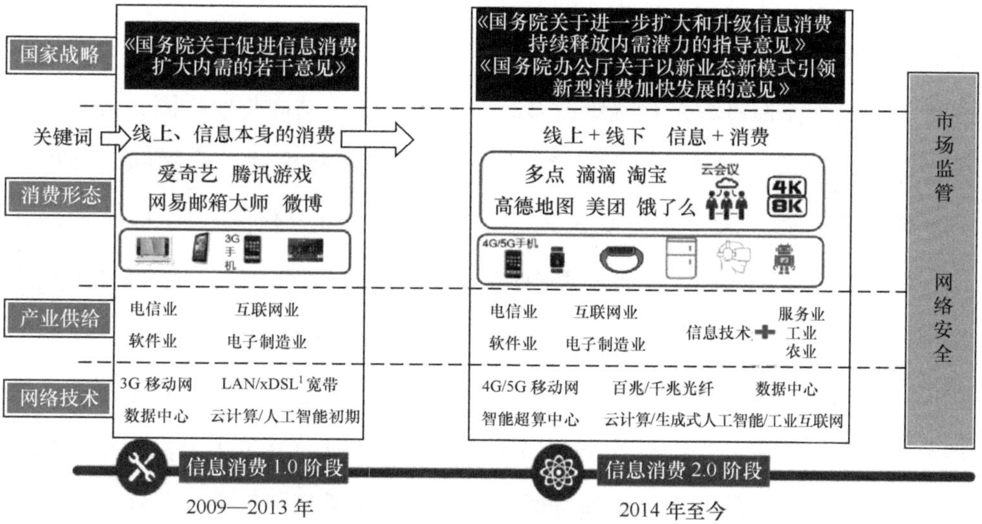

注：1. xDSL（x Digital Subscriber Line，x 数字用户线）。

资料来源：中国信息通信研究院

图 3-1　我国信息消费发展总体架构

融合方式：从单向融合为主到双向融合提速

过去 5 年，“互联网＋”跨界融合孕育兴起，推动了互联网企业主导的网上零售、网络租车、共享单车等“信息＋消费”新业态新应用的发展。

服务行业、制造行业主动拥抱信息技术，加快线上生产、营销、管理等全流程数字化升级，“传统企业 + 互联网”以前所未有的速度，向更大范围、更深程度、更高层次创新突破，衍生出“无场景不信息消费”，全产业链、全渠道融合渗透的新模式新服务，加速数字化产业体系的演进重构。

互联网企业继续向线下领域深耕拓展。随着移动互联网的兴起，互联网企业特别是电子商务平台，利用自身平台、技术和数据，引发了传统商场、超市、出行、餐饮等行业的变革，某种程度上冲击和替代了这些传统企业的业务，但同时也加速了产业链上下游企业的数字化转型，激发了新的消费需求。通过自建 / 新建或战略投资等方式，互联网企业构建了以各自平台为核心，对商品的生产、销售与流通过程进行升级改造，进而重塑业态结构与生态圈，实现线上服务、线下体验和现代智慧物流深度融合的新型零售模式。我国网上零售业务规模不断扩张，2019 年，我国网上零售额突破 10 万亿元，比 2018 年增长 16.5%，其中，实物商品网上零售额达 8.5 万亿元，占社会消费品零售总额的 20.7%。2023 年，全国网上零售额 15.4264 万亿元，同比增长 11.0%，规模为 2015 年的 4 倍左右。其他新型业务也在加速培育催化，互联网企业积极拓展娱乐、旅游等领域，创新性推出多项线上新业务，有效满足了人们的精神生活需求。例如，美团的“宅家也能云游玩”专题、快手的“云蹦迪”业务等。

传统线下行业积极主动向线上转型。过去只在线下进行的教育培训、旅游、餐饮、健身等大量消费企业活动纷纷转战线上，以更开放、更融合的态度和更强烈的转型意愿，主动拥抱互联网、云计算、人工智能等先进技术，通过 App、小程序等信息软件，将管理、流通、营销模式等由线下迁移至线上，为寻求新的发展机会，缓解企业经营压力，做出了很多有益的新尝试。“线上 + 线下”双向融合发展提速如图 3-2 所示。旅游展览领域，许多景区和博物馆推出“云”游模式，丰富了线上文旅产品创新供给，例如，故宫博物院推出了“VR + 语音 + 图文”导览小程序，不仅为用户提供导览服务，还为用户还原实地景色。敦煌研究院与人民日报新媒体、腾讯联合推出首个拥有敦煌石窟艺术欣赏体验功能的微信小程序“云游敦煌”，用户在家即可观赏专属壁画、专属内容。

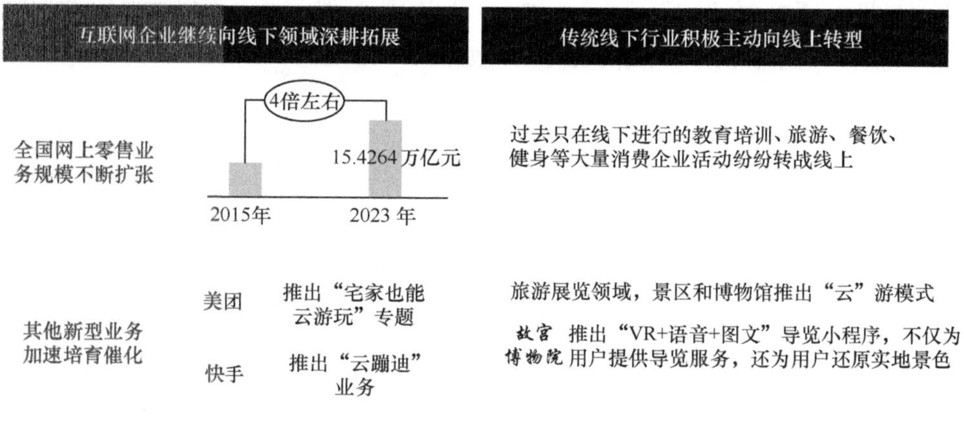

资料来源：中国信息通信研究院

图 3–2　“线上 + 线下”双向融合发展提速

消费场景：从图文场景向视频场景扩展

与图片文字应用相比，视频应用感受更直接，信息更丰富，消费者能够更直观地了解产品和服务，沉浸到购物和娱乐场景中。消费者还可以和视频主播直接沟通，主播能够及时解答消费者的问题，极大地提升了消费者购物体验。从图文场景向视频场景扩展如图 3–3 所示。

直播电商带货持续火爆。直播电商具备社交属性，成为连接人、货、场的新方式，激发了新一轮“信息 + 消费”增长。2020 年 5 月，央视主持人参与直播带货，用户可以在央视新闻客户端、抖音、微信小程序、京东、拼多多等平台观看和购买，3 小时成交额超过 5.28 亿元，观看人数过千万。快手、格力联合中国企业家共同推出“让世界爱上中国造”，格力电器董事长董明珠亲自上阵，3 小时成交额达 3.1 亿元。随着 5G 时代的到来，直播电商迎来了更好的发展机会。5G 结合云计算、物联网、人工智能、大数据等新技术，助力电商平台重点探索 4K 高清直播互动购物、VR/AR 营销、营销大数据分析等先进技术应用。网络直播用户规模及使用率如图 3-4 所示。

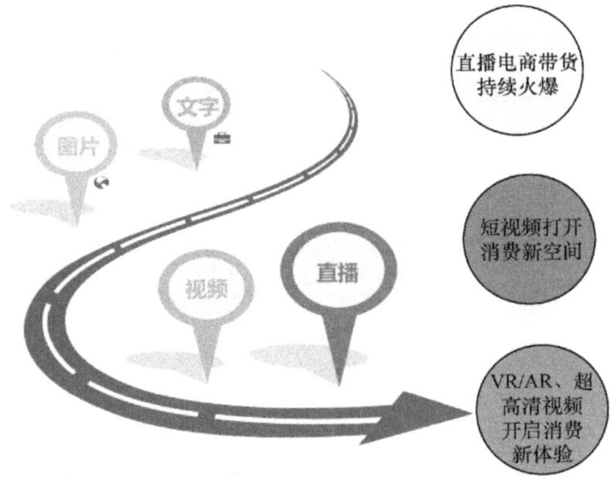

资料来源：中国信息通信研究院

图 3-3　从图文场景向视频场景扩展

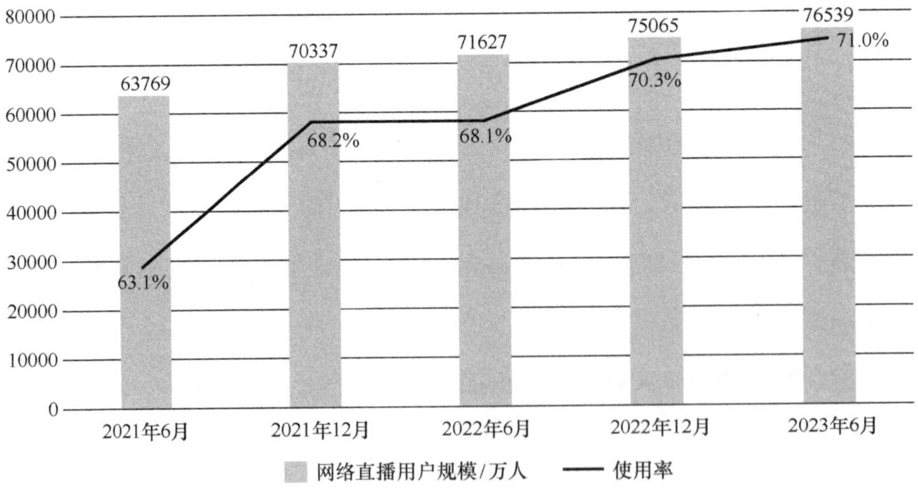

数据来源：CNNIC

图 3-4　网络直播用户规模及使用率

短视频打开消费新空间。短视频的发展顺应了内容传播数字化、生动化的发展逻辑，也契合了移动化、碎片化的消费需求。社会快速发展使人们工作生活的时间安排呈现碎片化趋势，短视频则有效填补了碎片化时间。内容消费的个性化需求也不断增加，短视频与文化、旅游、美妆、电子商务等垂直领域快速融合，成为人们发现和分享日常生活的新窗口，更好地满足人们个性化消费长尾需求，为壮大信息消费提供了一条新路径。短视频平台正成为网络流量的新入口，传播范围超越了传统图文场景消费。截至 2023 年 6 月，短视频用户规模约为 10.26 亿人，占网民整体的 95.2%，用户人均单日使用时长超过 2.5 个小时。短视频已经成为人们日常生活的重要组成部分，越来越多的人通过观看短视频来获取信息、娱乐和放松自己。短视频观看、分享与附加直播消费等形式交互融合，其“短、平、快”的内容特点迅速增强了用户黏性，网络用户对短视频充满了期待。

VR/AR、超高清视频开启消费新体验。当前，消费、签约、娱乐、旅游等活动加快向线上迁移，VR/AR 云看房、VR/AR 云旅游等应用提供深度沉浸式体验，积极创新营销服务模式。例如，2023 年 5 月，南昌 VR 云房展运用新一代信息技术，为房企提供一个良好的展示、推介平台，为广大民众提供一个便捷可靠的看房、选房、购房渠道。5G、千兆光纤、云边设施的协同部署，支持高并发实时内容的分发，高速率、低时延的网络为用户提供了更好的体验。杭州亚运会上，通过 VR 技术创造的数字场景，为广大民众带来精彩的沉浸式互动体验，让“全民亚运、人人亚运”成为现实。通过 VR、数字孪生等技术，观众即使不能到现场，也可以在亚运会元宇宙的虚拟世界中了解亚运知识，沉浸式“游览”亚运六城、体验特色场馆、感受热门赛事氛围等。

服务模式：从接触式服务迈向无接触服务

近年来，一种新型服务方式——“无接触服务”模式被大力推广，推动新型信息消费扩大和升级。

一是无接触服务快速落地。“宅经济”从电子商务、外卖开始，逐步向学习、工作、生活延伸，在线租房、在线医疗、云游戏等新业态的亮点不断。调查显示，我国网络餐饮市场规模不断扩大，外卖用户规模快速增长。人们选择在美团、饿了么等外卖平台点餐，通过线上平台购买生活必需品，在网络视频平台上看电影。医疗服务 App 月活跃用户规模增加，一些第三方互联网医疗服务平台的诊疗咨询量、处方量呈现增长态势。

二是无接触配送逐步推广。以往在展台和小范围试验中的无人配送开始加速落地，京东、美团、饿了么、便利蜂等企业相继推出无接触配送服务，无人配送车开始尝试代替部分快递员和外卖骑手。美团自动配送进入提升运营精细化阶段，消费者在美团买菜下单后，智能配送调度系统会指派订单给无人配送车，无人配送车在美团买菜站点取货后，自动行驶到目的地社区的无接触配送点，实现全流程无接触配送。

三是无人消费场景不断创新。一些企业深度运用新一代信息技术，在无人零售领域，无人超市、无人商场开始采用人脸识别支付，消费者只要带着商品走出商店就可以完成支付。例如，便利蜂内不配备收银员，消费者挑选好商品后，用手机自助扫码结账。在无人酒店领域，阿里巴巴未来酒店在杭州开业，消费者可以先在“未来酒店 App”上根据房型、朝向、楼层等喜好确定好房间，然后直接预定，收银员、服务员等工作全部实现自动化，消费者不需要在前台登记，只需要注视大堂“天猫人工智能精灵”2 秒，即可完成所有入住程序。未来，这些新需求不会减弱，消费习惯将进一步形成，为扩大消费注入新动力。

无接触服务是居民数字消费模式的重要补充，人工智能的不断成熟将推动无人零售、无人超市等业态的进一步发展。

供给制造：从 M2C 向 C2M 转变 [1]

在消费升级以及更多个性化的需求环境下，传统供应链已经无法满足市场的消费需求，C2M 反向定制（通过搜集消费者的需求意愿和消费痛点，向制造企业定向采购产品或服务的行为）以消费者需求串起整个供应链全流程的新模式，不仅满足了消费者多元化、高品质的需求，也推动了制造业转型升级。从 M2C 向 C2M 转变如图 3-5 所示。

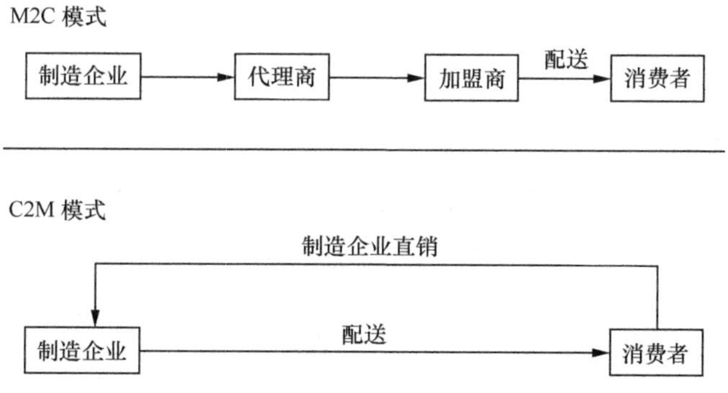

资料来源：中国信息通信研究院

图 3-5　从 M2C 向 C2M 转变

电子商务平台加速布局 C2M 市场。需求的个性化倒逼供给改革，使产品

1　M2C是一种制造企业直接对消费者提供自己生产的产品或服务的商业模式。C2M是一种新型的工业电子商务的商业模式，消费者直达制造企业。

主动适应消费者，供给和需求加速精准匹配，柔性化反向定制产品越来越受到消费者青睐。各大电子商务平台纷纷通过多维度的大数据分析帮助制造企业精准了解消费者的个性化需求，助力传统产业反向改造供应链，让生产企业按照消费者的需求生产出个性化、高竞争力的创意产品。淘宝致力于实现生产端和消费端“无缝对接”，2020 年 3 月首次发布 C2M 战略，通过淘宝特价版 App、“超级工厂计划”和“双百目标”三大举措，助力传统制造企业转型升级。“38 购物节”期间，C2M 定制商品的订单量同比增长超过 370%。京东深度参与的 C2M 反向定制取得爆发性增长，“618”期间，京东 C2M 模式推出的产品深受市场欢迎，销量大幅提升，例如惠普战 99 系列台式计算机成交额同比增长 180%、小度教育智能屏音箱新品销量环比增长超 27 倍。苏宁、拼多多等企业也在加速布局，从工厂端向更上游生产端的供应链延伸，从源头形成竞争优势，以销售端反向整合的产销一体模式有望进一步提速。电子商务平台助力传统工厂反向定制如图 3–6 所示。

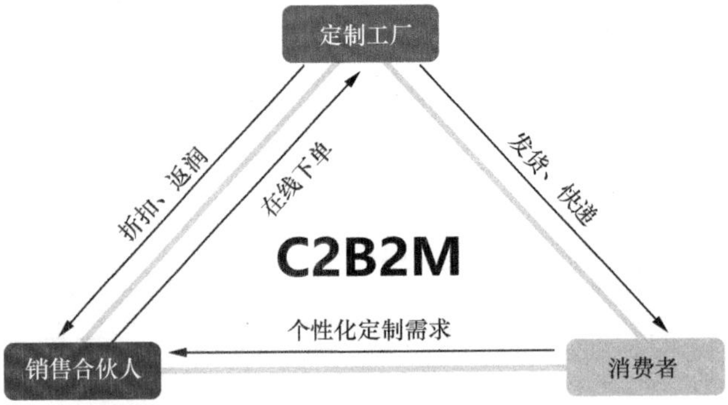

资料来源：中国信息通信研究院

图 3–6　电子商务平台助力传统工厂反向定制

C2M 模式助力出口转内销，为外贸企业的发展提供了广阔空间。C2M 反向定制助力外贸企业开拓国内市场，例如苏宁利用全渠道、全场景、全品类的数字化运营、智慧供应链和数据赋能模式，打造 C2M 模式生态圈。反向定制为出口转内销提供精准营销指引，例如阿里巴巴通过C2M超级工厂计划，指导外贸企业深入了解市场需求。C2M反向定制依托平台反馈的消费数据，精准指导外贸企业了解国内市场热门的产品种类、规格、型号，为外贸企业转型内销市场的产品设计提出许多建设性意见，提升了用户体验，减少出现“货不对路”问题，实现“柔性制造，以销定产”。

终端载体：从信息产品向一般物品延伸

智能终端供给产品不断丰富延展。一方面，信息技术领域自身的产品不断创新，可穿戴设备、智能个人助理等信息产品层出不穷；另一方面，传统产业积极利用信息技术改造产品，智能家居产品、智能网联汽车等融合型产品成为未来发展方向。智能终端供给产品日益丰富延展如图3–7所示。

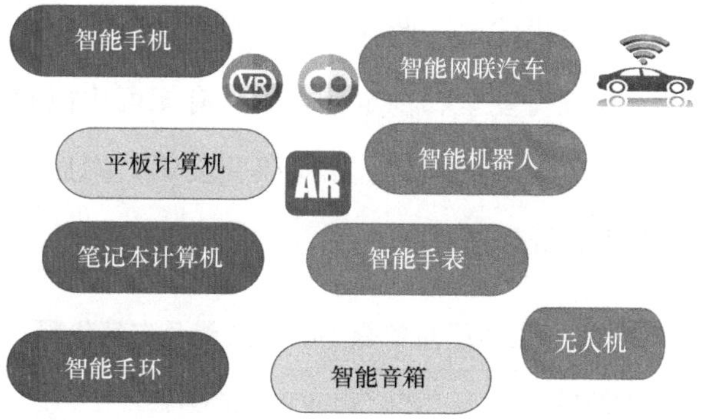

资料来源：中国信息通信研究院

图 3–7　智能终端供给产品日益丰富延展

一是智能联网硬件快速更新换代。5G手机出货量占比超过50%，这标志着5G终端正在加速普及。主要厂商智能手机出货量及市场份额见表3–1。中国信息通信研究院数据显示，2023年1～7月，中国市场手机总体出货量累计1.48亿部，同比下降5.1%。其中，5G手机出货量1.17亿部，同比下降5.3%，占同期手机出货量的79.2%。7月，上市新机型35款，同比增长59.1%，其中5G手机18款，同比增长100%，占同期手机上市新机型数量的51.4%。2023年1～7月，中国市场手机上市新机型累计238款，同比增长6.7%，其中5G手机103款，同比下降14.9%，占同期手机上市新机型数量的43.3%。智能可穿戴设备持续推广，智能耳机、无线充电器、智能手表等新型消费产品赢得年轻人的喜爱。IDC公司数据显示，2023年上半年中国无线蓝牙耳机市场出货量4588万台。其中，第二季度出货量2527万台，同比增长9.9%，迎来2022年以来首次正增长。无人机消费逐步向大众拓展，无人机产业链逐渐成熟、硬件成本曲线不断下降。消费级无人机的客户群体从小众拓展至大众，客户规模大幅攀升。市场研究公司相关数据显示，2022年中国无人机市场规模约为45亿美元，同比增长15%。预计到2025年中国无人机市场规模将达到66亿美元。其中，大疆无人机在技术方面处于领先地位，其产品拥有先进的飞行控制系统、高清摄像功能及智能飞行模式等。此外，大疆无人机还拥有自主研发的避障系统和精准定位技术，在飞行安全和稳定性方面具有无可比拟的优势。在全球市场中，大疆无人机占据着巨大的份额。市场研究公司数据显示，大疆无人机在全球消费级无人机市场的份额超过70%。

表3-1　主要厂商智能手机出货量及市场份额

品牌	国家和地区	2023上半年出货量/百万台	市场份额
三星	韩国	113.6	21.2%
苹果	美国	100.5	18.8%
小米	中国	63.7	11.9%
OPPO	中国	51.5	9.6%
vivo	中国	43.7	8.2%

续表

品牌	国家和地区	2023上半年出货量/百万台	市场份额
传音（Tecno）	中国	37.5	7.0%
荣耀	中国	25.3	4.7%
摩托罗拉	美国	20.9	3.9%
Realme	中国	18.3	3.4%
华为	中国	13.8	2.6%
其他	其他	46.3	8.7%
合计		535.1	100%

数据来源：Omdia

二是多样化物联网终端深入大众生活。出行领域更加智能，车联网逐渐成熟，例如，小鹏汽车实现自动泊车功能，根据小鹏汽车的统计数据，小鹏汽车已帮助超过一半的用户解决了停车问题。智能辅助驾驶总里程既可以看出用户的使用率，也可以看出在出行高峰期的使用率。2023年春节期间，小鹏的辅助驾驶里程为803万千米，占总里程的8.91%，其中高速智能导航辅助驾驶（Navigation Guided Pilot，NGP）累计行驶里程达到293万千米，同比增长236%，占总里程的3.25%。车路协同商业模式初步形成，基于蜂窝车联网（Cellular Vehicle to Everything，C-V2X）的车路协同为智慧交通与自动驾驶提供了新可能。腾讯未来网络实验室已经与交通运输部公路科学研究院、城市轨道交通绿色与安全建造技术国家工程实验室，以及英特尔、诺基亚、中国联通、东软等企业达成合作，共同推进5G与出行产业的融合与落地。截至2023年5月，Waymo在凤凰城的Robotaxi运营覆盖总面积已达180平方英里（约合466平方千米）。截至2023年6月30日，百度自动驾驶安全运营测试里程累计超7000万千米，百度萝卜快跑为公众提供的乘车服务累计超过330万次，拥有自动驾驶专利族数超4800件，高级别自动驾驶专利族数全球第一。

5G、物联网、大数据等先进技术，赋予家庭设备更多的智能选择。智能照明、智能监控、智慧楼宇改变着人们的生活方式。苹果推出 HomeKit 智能家居平台的更新功能来提高用户体验，当用户添加兼容 HomeKit 的新智能家居设备时，将提供“建议的自动化”，例如，添加“自适应照明”功能来支持自动化调整智能灯具的色温；增加对家庭安全摄像头的支持，增加设备集成、活动区域定制化和面部识别等关键功能。我国企业加快探索智能家居应用，2023 年第三季度，小米物联网（Internet of Things，IoT）与生活消费产品收入达 207 亿元，同比增长 8.5%，毛利率创历史新高，同比提高 4.3 个百分点，达 17.8%。小米生态产品的互联互通优势持续显现，截至 2023 年 9 月 30 日小米 AIoT 平台已连接 IoT 设备（不包括智能手机、平板计算机及笔记本计算机）达 6.99 亿，同比增长 25.2%，拥有 5 个及以上连接至 AIoT 平台的设备用户数达 1370 万，同比增长 26.0%。美的集团 2018 年成立 IoT 事业部，将“全面数字化、全面智能化”作为战略目标，积极推进智慧家庭等项目。经过多年发展，美的 IoT 平台成绩斐然。2022 上半年，美的 IoT 平台新增连接近 1300 万个设备，累计服务超 7000 万个家庭，同比增加 87%；智能场景累计执行超过 2.1 亿次，同比增长 300%，在转型路上迈出里程碑式的一步。

市场空间：从重点城市向下沉市场深挖

随着一线、二线城市信息消费的普及，信息消费群体和应用逐渐饱和，信息消费相关企业在空间上加速向三线及以下城市和农村地区拓展，进一步盘活下沉市场，开辟信息消费增长新空间。

下沉市场消费基础日益坚实。消费能力不断提升，新型城镇化促进了劳动力、土地、资本和创新要素的高效配置，2023 年年末我国常住人口城镇化率已经达到 66.16%，城乡收入差距不断缩小，农村居民人均消费支出增速连续 5 年高于城镇居民。网民规模持续扩大，农村互联网加速发展与普及，农村信息消费群体不断壮大。截至 2023 年 6 月，我国农村网民规模达 3.01 亿人，占网民整体的 27.9%，农村地区互联网普及率达到 61.9%。数字乡村建设加快提升乡村振兴内生动力，推进城乡共享数字化发展成果。麦肯锡咨询公司发布的《2019 年中国数字消费者趋势报告》显示，中国三线及以下城市和城镇的年轻消费者或将成为下一个消费增长引擎。网络设施日益优化，我国行政村通光纤和通 4G 比例均超过 99%，电信普遍服务试点地区的平均下载速率超过 70Mbit/s，基本实现了农村城市“同网同速”。物流体系加快完善，邮政在乡、快递下乡等工程持续推进，我国乡镇快递网点覆盖率接近 100%，全国范围进城入村流通渠道全程畅通。我国农村网民规模及占比如图 3-8 所示。

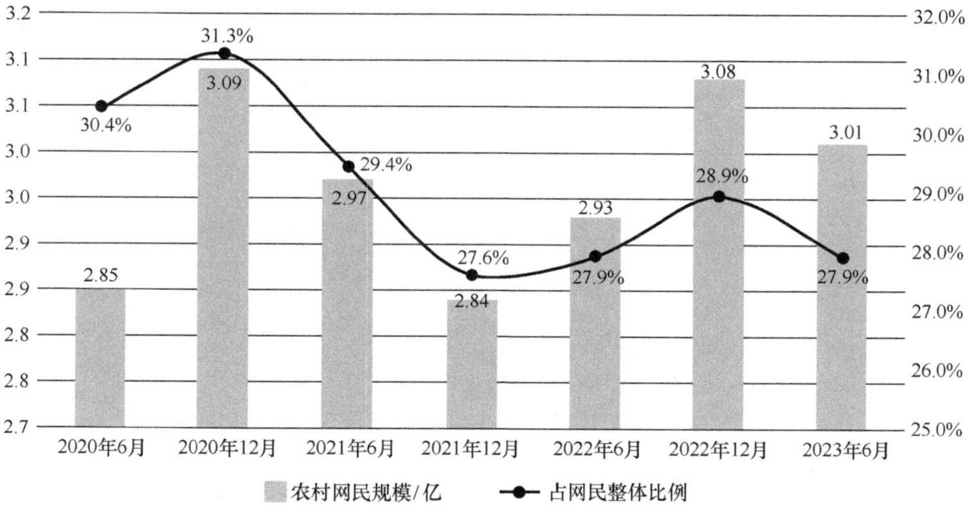

数据来源：CNNIC

图 3-8　我国农村网民规模及占比

下沉市场融合应用快速渗透。随着数字乡村建设、电信普遍服务、电子商务精准扶贫等工作深入推进，数字内容、网络购物、在线教育等行业企业也竞相抢占下沉市场入口，新型互联网应用加速向农村地区快速延伸，对新生事物接受力高、消费理念强的用户将是下沉市场未来的核心消费人群。从网络零售看，电子商务平台快速整合生产、物流、销售等全链路资源，打通农村和城市间的产销对接通道，让农产品迅速流通起来。2023 年上半年，全国农村网络零售额达 1.12 万亿元，同比增长 12.5%，增速比第一季度高 3.7%。其中，农村实物商品网络零售额 1.02 万亿元，同比增长 11.3%。全国农产品网络零售额 0.27 万亿元，同比增长 13.1%。根据第三方研究机构调查，头部电子商务平台新增用户中有 70% 左右来自下沉市场。从在线教育看，下沉市场用户成为在线教育平台的主要增量。2020 年春节期间，在线教育新增用户中 69% 来自三线及以下城市。从数字内容看，与一二线城市居民相比，三线及以下城市居民生活节奏较慢，综合压力较小，下沉市场用户对数字内容的付费意愿不断增强，有望成为未来数字内容平台会员付费增长的蓝海市场。

第四章

促进消费新模式新业态的重大政策解读

国家层面加强重大政策部署

一直以来，党中央、国务院高度重视促消费、稳经济，中央政治局会议多次强调，要积极扩大国内需求，发挥消费拉动经济增长的基础性作用。特别是2013 年 4G 网络商用以来，全球范围内信息技术创新不断加快，信息领域新产品、新服务、新业态大量涌现，不断激发新的消费需求，成为日益活跃的消费热点。以网络购物、移动支付、在线教育、网络约车、线上 + 线下融合等新业态新模式为特征的新型消费迅速发展，消费主体不断增加、边界逐渐拓展、模式深刻调整，带动其他领域的消费快速增长，成为创新最活跃、增长最迅猛、辐射最广泛的经济领域之一，对拉动内需、促进就业和引领产业升级发挥着重要作用。国务院于 2013 年、2017 年先后印发了《国务院关于促进信息消费扩大内需的若干意见》《国务院关于进一步扩大和升级信息消费持续释放内需潜力的指导意见》，有力促进了互联网新业态新应用的培育壮大。2020 年，新型消费发挥了重要作用，有效保障了居民日常生活需要，推动了国内消费恢复，促进了经济回升。在此发展过程中，我国政府高度关注各类消费新场景新模式的发展，印发了《加快培育新型消费实施方案》《国务院办公厅关于以新业态新模式引领新型消费加快发展的意见》等一系列重大政策文件，积极引导新型消费的持续健康发展。国家出台的促进消费、培育新型消费的条例政策脉络如图 4–1 所示。

2023 年，中央经济工作会议作出进一步部署，大力发展数字消费、绿色消费、健康消费，积极培育智能家居、文娱旅游、体育赛事、国货“潮品”等新消费增长点，同时带动相关领域投资。

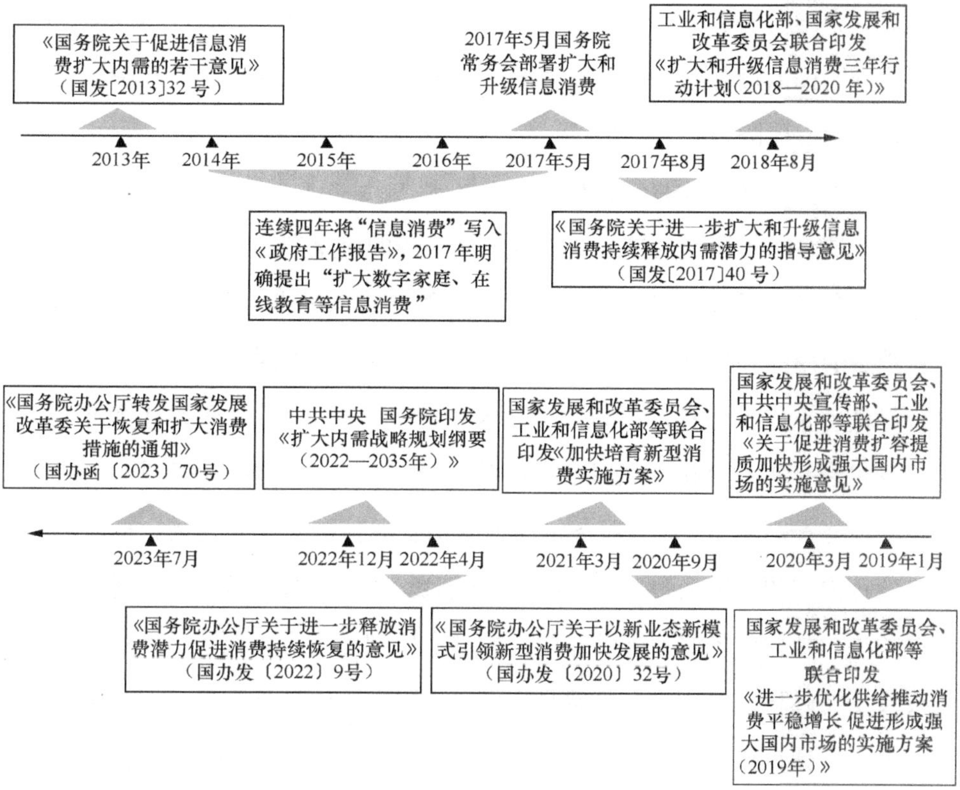

资料来源：中国信息通信研究院

图 4-1　国家出台的促进消费、培育新型消费的条例政策脉络

2013 年《国务院关于促进信息消费扩大内需的若干意见》系列解读

（一）解读之一：政策背景与总体考虑

1.《国务院关于促进信息消费扩大内需的若干意见》制定的背景

2009 年以来，随着 3G、移动互联网等信息技术创新的不断加快，信息消

费逐渐成为国内消费市场的重要增长力量之一，表现出强劲的带动作用。信息消费促进居民消费总量扩张，带动消费结构调整升级的效果已经开始显现，且还有巨大的发展潜力。

（1）关于信息消费的内涵及规模

信息消费是指居民为满足个人需求而购买的信息产品和信息服务的最终消费，包括信息产品和信息服务两个部分。随着技术进步与应用创新不断拓展，信息消费的内涵和外延发生着新的变化。在这个特定的时期和技术水平下，信息产品消费重点关注移动手机（含功能手机和智能手机）、微型计算机（含个人计算机和平板计算机）、智能电视机（含智能电视机整机和机顶盒）等面向居民的最终产品消费；信息服务消费包含语音通信消费、互联网数据及接入消费、信息内容和应用消费[1]、软件及其他消费[2] 4 个部分。按照技术含量高、规模增长快、效益前景好、带动作用大的基本原则，重点强调了新型信息消费的规模及发展趋势，新型信息消费是指信息消费中去除功能手机消费、语音通信消费及个人计算机消费的部分。

按照以上范畴的测算结果，2012 年全国信息消费规模达到 1.72 万亿元，同比增长 29%，带动相关行业新增产出 9300 亿元。其中，新型信息消费规模为 1.03 万亿元，同比增长 61%。《国务院关于促进信息消费扩大内需的若干意见》（以下简称《若干意见》）提出到 2015 年，信息消费规模将达到 3.18 万亿元，年平均复合增速 20% 以上，带动相关行业新增产出超过 1.2 万亿元。其中，新型信息消费规模将达到 2.43 万亿元。“十三五”以来，随着 5G、人工智能、大数据等新兴技术的蓬勃发展，进一步带动信息消费快速增长，2023 年我国

1　信息内容和应用消费包括移动互联网服务、音/视频等三网融合服务、位置服务、即时通信、网络游戏、电子阅读等消费形态。

2　软件及其他消费主要包括软件产品中与个人消费相关的地理信息系统软件、网络应用软件、多媒体软件、动漫游戏软件、终端与数字内容安全产品、在线娱乐、在线教育等。

信息消费规模突破 7 万亿元。

此外，基于信息通信技术的电子商务、公共服务等信息服务平台的消费迅速增长，为信息消费注入新的增长动力，提供新的市场空间，形成促进信息消费持续稳定增长的新型交易模式。2023 年，我国网上零售额 15.42 万亿元，增长 11%，连续 11 年成为全球第一大网络零售市场。其中，实物商品网络零售额占社会消费品零售总额的比重增至 27.6%，创历史新高。在线服务消费多元化，在线旅游、在线文娱和在线餐饮的销售额增长强劲，对网络零售增长贡献率达到 23.5%。

（2）促进信息消费的重要意义

促进信息消费使智能化信息产品和信息服务成为居民消费必需品，不仅加速了全社会消费模式的新变革，不断开辟消费新空间，而且为产业结构优化升级提供了新途径，为经济增长提供了持续的内生动力。

促进信息消费是扩内需稳增长的直接动力。随着智能终端、移动互联网、物联网、云计算、大数据等信息技术的创新应用，信息产品不断推陈出新，信息服务在多层次、宽领域广泛覆盖，我国信息消费已经进入快速成长期，市场潜力不断转化为引领技术创新、培育新型消费热点、孕育新兴消费模式的引擎。同时，信息产品与信息服务所对应的产业跨越第二产业、第三产业，与上下游行业的联系非常紧密，产业关联具有涉及面广、影响力大、波及时间长等诸多特点。例如，电子商务、网络约车、在线教育等线上 + 线下融合消费进一步拓展，通过模式创新降低社会交易成本和畅通产品服务流通渠道，在激活传统消费活力等方面发挥了重要作用。

促进信息消费加快产业结构升级。信息消费在推动消费结构升级的同时，通过需求与供给的自我平衡机制，反作用于产业结构，引领信息产品和信息服务升级，加速构建现代信息技术产业体系。同时，信息技术创新及产业化加快催生了其他产业的商业模式创新，知识经济、绿色经济前景凸显，基于网络化、动态化的资源配置将成为实现现代产业发展的重要依托。

信息消费推动消费模式新变革。电子商务的迅速崛起和广泛应用，使生产和消费无缝对接，交易时空范围扩大，深刻改变着人们的消费行为和消费习惯。基于网络的营销和消费者的购物体验，商业模式和服务模式创新已经遍及所有产业领域，并催生了服务业的新兴业态。

促进信息消费成为改善社会民生的有效途径。信息化为基本公共服务的均等化和资源配置效率的提高提供了新的可能，扩大了居民消费的选择范围，最大程度满足了不同层次消费者的需求。教育、医疗、养老、休闲娱乐凭借新的消费方式成为急速扩张的新兴消费领域，在线教育、终身教育和居家养老等特定人群将成为信息消费不可忽视的新消费主体。在此过程中，基于网络的现代服务业为新增就业提供了最大的容纳器，将有效缓解结构性失业矛盾。

2. 制定《若干意见》的原则和目标

促进信息消费是拉动有效需求、催生经济增长点、加快消费升级、产业转型和民生改善的重大举措。《若干意见》的主要思路是围绕激发消费需求、增强供给能力、提升公共服务水平、夯实信息基础设施和改善信息消费环境等方面制定了保障措施，以建立促进信息消费持续稳定增长的长效机制。为此，《若干意见》提出了 3 个方面的原则：**一是坚持市场导向、改革发展的原则，**按照行政审批制度改革的总体要求，加快政府职能转变和管理创新，充分发挥市场作用，打破行业壁垒，促进信息资源开放共享和企业公平竞争，在竞争性领域坚持市场化运行，在社会管理和公共服务领域积极引入市场机制，增强信息消费发展的内生动力；**二是坚持需求牵引、创新发展的原则，**引导企业立足内需市场，加快信息产品和信息服务创新，培育新业态，提升信息产品、信息服务和信息内容的有效供给水平，不断满足人民群众多层次的消费需求，挖掘和释放消费潜力；**三是坚持完善环境、有序发展的原则，**充分发挥政府在环境营造和市场监管等方面的积极作用，完善有利于扩大信息消费的政策措施，规范产业发展和市场秩序，加强个人信息保护和信息安全保障，构建安全诚信有序的信息消费市场环境。

综合考虑我国信息消费现状和潜在需求，《若干意见》提出了 3 个方面的预期性指标：**一是关于信息消费规模**，提出了信息消费规模、增长速度及电子商务交易规模等预期目标；**二是关于信息基础设施**，提出了满足信息消费需求的网络能力和网络覆盖目标；**三是关于信息消费环境**，提出了市场创新、竞争秩序、消费环境、消费选择、消费意愿，以及企业信息化和公共服务信息化等定性目标。

3.《若干意见》提出的重点任务

针对信息基础设施演进升级、信息产品与信息服务供需优化、信息消费需求培育、公共服务信息化水平提升及信息消费环境建设等重点方向，《若干意见》分别提出了具体的工作任务。

一是加快信息基础设施演进升级。信息基础设施已成为产品制造、软件开发、应用服务等各环节融合创新的集成平台，也是推进信息技术广泛运用、承载和扩大信息消费的重要网络基础载体。针对我国信息基础设施在带宽速率、网络覆盖、用户普及、区域差异等方面面临的突出问题，《若干意见》提出重点推进实施“宽带中国”战略，提高城乡宽带网络普及水平和接入能力，完善电信普遍服务补偿机制；扩大 3G 网络覆盖，2013 年内发放 4G 牌照，推进分时长期演进（Time Division Long Term Evolution，TD-LTE）网络建设和产业化发展；加快电信和广电业务双向进入，2013 年下半年向全国推广三网融合业务。这些措施旨在将加快信息基础设施演进升级作为首要任务提出来，夯实信息消费的网络基础，为促进信息消费提供强有力的基础设施保障。

二是加强信息产品及信息服务供需优化。新技术的发明、新产品的诞生足以改变消费者的消费数量与消费模式，创造巨大的市场空间。从互联网时代到移动互联时代，技术支撑下的产品创新创造出巨大需求，一批抓住机遇的企业迅速崛起。针对我国信息产品及信息服务核心技术薄弱、创新能力不足、供需关系不平衡等矛盾，《若干意见》提出鼓励智能终端产品研发，增强电子基础产业创新能力，提升软件业支撑服务水平就是要鼓励创新，切实增强信息产品的供给能力。在消费尤其是居民消费增长乏力时，一些创造需求或者满足居民潜在需求的新产品，能够引导消费，成为经济增长的重要动力。

三是培育信息消费需求。促进信息消费，不但要满足消费者的现实需求，更要充分考虑、分析和挖掘消费者的潜在需求。现实需求是消费者购买信息产品和信息服务意愿货币化的过程，为信息产业的供给创造了市场和交易空间；潜在需求是消费者未来对信息产品和信息服务的需求，如果合理引导并将其转化为现实需求，就可以为信息产业提供可持续发展的根本动力。针对我国信息产品和信息服务需求能力不足、消费者消费意愿下降等问题，《若干意见》从行业形态、产品内容和交易平台 3 个方面，提出拓展新兴消费业态、丰富信息消费内容、拓展电子商务发展空间。围绕产品、市场和消费者意愿，夯实消费者现实需求，开放和引导消费者潜在需求，使消费者感觉有所买、愿意买、方便买。

四是提升公共服务信息化水平。公共信息资源共享和开发利用是促进信息消费的有力保障，也是推动教育、医疗、养老、就业等领域的公共服务均等化水平和行业服务水平提升的有效路径。针对我国基本公共服务供给不足、发展不平衡等矛盾及建立健全基本公共服务体系仍然面临许多困难和挑战，《若干意见》提出促进公共信息资源共享和开发利用、提升民生领域信息服务水平和加快智慧城市建设 3 项任务。力争通过物联网等信息技术构建一个高感度的城市基础环境，实现“以人为本”的政府高效管理、便捷的民生服务，把公共服务信息化作为扩大信息消费的着力点，推动信息技术产业可持续发展。

五是加强信息消费环境建设。消费者的消费行为离不开良好的消费环境，消费环境是影响消费行为的重要因素。安全可信的消费环境是提升消费者的消费信心和消费能力的基础条件，是转变经济增长方式、拉动消费的根本保障。针对我国信息消费环境所存在的问题，《若干意见》提出建立和完善有利于扩大信息消费的政策环境，构建安全可信的信息消费环境基础，提升信息安全保障能力，加强个人信息保护，规范信息消费市场秩序。良好的消费环境可以增强消费者的消费信心，扩大消费需求，提高消费质量。只有用完善的规则理顺消费秩序，用品质提升消费动力，营造安全、可信赖的消费环境，才能让消费者安心消费。

4.《若干意见》的配套政策举措

按照中央“简政放权”的思路，结合我国信息消费面临的问题与挑战，《若干意见》提出以下 6 个方面的政策措施。

一是深化行政审批制度改革。深化行政审批制度改革是充分发挥市场作用、降低行业进入壁垒、增强信息消费发展内生动力的重要举措。按照“市场导向、改革发展”的基本原则，《若干意见》要求实施和完善“控、缩、优”的行政审批制度，严格控制新增行政审批项目，最大程度缩小审批范围，着重减少非行政许可审批和资质资格许可，下放电信资费、计算机信息系统集成企业资质等认定权力，优化必须保留的行政审批程序，根据需要加快推进注册资本认缴登记制度，在合理范围内最大程度降低互联网企业进入壁垒。

二是加大财税政策支持力度。扶持性的财税政策能够有效减轻互联网及中小微企业经营负担，鼓励企业创新发展，提升信息产品、信息服务和信息内容的有效供给水平。《若干意见》以“营改增”为契机，着力实施一揽子财税政策。对高新技术企业的认定办法进行有政策倾向性的优化，使互联网企业能够享受相应的所得税优惠税率，通过研发费用加计扣除等方法，鼓励企业开展研发创新活动，并对最具活力的中小微互联网企业在财税政策上予以倾斜。同时，对于通信业、软件和集成电路产业在营改增、频谱分配等方面出台相应的发展扶持政策。

三是切实改善企业融资环境。完善的融资环境是金融支持实体经济、稳定就业和鼓励创业的重要内容，事关经济社会发展全局，具有十分重要的战略意义。《若干意见》旨在切实解决中小微企业、创新型企业与成长性企业发展中融资难问题，通过政策倾斜与创新资金归集等方式，鼓励这些企业成长壮大，完善融资环境。对金融机构提出相应的要求，确保优先支持中小微互联网企业融资。对于创新型企业和成长性企业而言，在风险可控的前提下鼓励它们通过公司债、企业债、知识产权抵押等方式进行多渠道融资。对于金融机构及融资性担保机构而言，鼓励它们开发和创新针对中小微互联网企业的金融产品，帮助这些企业及时、有效地融资。

四是改进和完善电信服务。改进和完善电信服务能够进一步增强电信市场供给能力，激发民间资本开展电信服务的活力，降低市场准入壁垒、规范企业经营行为、构建规范有序的产业发展秩序。《若干意见》从市场行为规范、资费监管、鼓励民间资本、保障平等等方面，进一步要求构建不同主体共同参与的合作和公平竞争机制，规范企业经营行为，加强资费监管，实现资费合理下降和透明收费，并且鼓励民间资本以不同的方式进入基础电信运营市场，扩大民间资本开展移动通信转售业务试点范围，加快落实民间资本经营数据中心业务相关政策，保障企业能够平等接入和用户能够自主选择。

五是加强法律法规和标准体系建设。完备的法律法规和标准体系是保证信息产业平稳发展、信息消费健康增长的基础和保障。《若干意见》要求加快修订《中华人民共和国商标法》《中华人民共和国消费者权益保护法》《中华人民共和国标准化法》《中华人民共和国著作权法》《互联网信息服务管理办法》《商用密码管理条例》等法律法规，在制度保障方面为信息产业和信息消费提供完备的法治环境。同时，在产业产品标准方面，要求加快重点及新兴信息消费领域产品、服务标准体系建设，发挥标准对产业发展的支撑作用。

六是开展信息消费统计监测和试点示范。合理的统计监测体系能够科学反映信息消费的运行情况，有步骤、有节奏的试点示范工程能够合理引导消费预期。《若干意见》要求从统计体系建设和开展信息消费试点城市两个方面，科学制定信息消费的统计分类和标准，加强信息平台建设，开展信息消费统计、监测和运行分析，实时向社会发布，尽早开展信息消费试点城市遴选和推进工作，鼓励当地政府因地制宜地研究制定促进信息消费的相关政策。

（二）解读之二：信息消费的趋势、特征与效应

信息消费是信息通信技术应用的产物，是居民消费中增长最为迅猛的新兴消费领域之一，代表着未来消费结构升级的方向。不同于传统产品或服务消费，信息消费表现出独特的趋势、特征与效应。

1. 信息消费具有边际消费倾向递增的趋势

传统产品消费领域的边际消费倾向呈递减趋势，人们的消费虽然随收入的增加而增加，但在所增加的收入中用于增加消费的部分越来越少，当前我国居民消费面临着边际消费倾向较低的问题，这是导致有效需求不足的重要因素之一。但根据相关数据测算发现，信息消费的边际消费倾向近几年呈递增趋势，这说明，随着居民可支配收入的增长，新增的信息消费支出不断增加，居民信息消费的意愿不断增强。可以预见的是，未来随着信息通信技术在居民日常工作、生活中的应用不断深化，居民信息消费需求将日益增长，信息消费仍将在一段时期内保持边际消费倾向递增的趋势，这将对提高居民消费水平、拉动内需起到关键的推动作用。

2. 信息消费具有七大特征

一是网络化。从消费形态来看，信息消费大多是依托网络发生，网络已经

成为生产供给与信息消费的综合性平台。一点接入、全程服务的互联网属性是信息消费成长壮大的基础，信息消费具有独特的网络效应，即信息产品和信息服务的价值在一定程度上取决于使用该项产品和服务的用户规模，用户数量越多，该项产品和服务的价值就越高，对消费者的效用和吸引力越大。

二是数据化。从信息消费性质来看，信息消费的内容从话音正快速转向数据业务。2013 年上半年，我国居民话音消费逼近天花板，非话消费占比已经超过 50%。2024 年 2 月，我国居民话音消费收入占电信业务收入比重下降至 7.1%，移动数据流量及互联网收入占电信业务收入比重提升至 51.5%，移动互联网成为驱动信息消费增长的重要力量。

三是碎片化。从消费行为来看，信息消费多在消费者碎片化时间内实现，移动互联网的快速普及与发展，更强化了这一特征。例如，短视频成为信息碎片化时代的产物之一，深刻改变了人们获取和消费信息的方式，截至 2023 年 6 月，我国短视频用户规模约为 10.26 亿人，在整体网民中的占比为 95.2%。

四是耦合性。从消费的网络关联性来看，“云、管、端”日益融合，主要信息产品和信息服务的消费都经由这 3 个环节联动完成，信息产品和信息服务的消费是紧密耦合的，这种强耦合性使信息消费对 ICT 产业的带动能力增强，信息消费增长，带动效应最明显的就是设备制造业，其通过乘数效应来促进消费。

五是关联性。信息消费涉及国民经济和社会生产生活等各个方面，我国的信息化水平与信息消费能力已得到大幅提升。如果国民经济发展态势良好，通过反馈效应，可拉动信息消费需求。从信息消费与国民经济发展的关系看，信息消费具有滞后性和先导性，即经济下行时，信息消费要滞后一段时间才显现出下降趋势；经济恢复时，信息消费先行呈现出增长态势。

六是迭代性。新一代信息技术与经济社会融合加深，数字产品和服务蓬勃发展，信息消费技术、应用、终端加速创新迭代。如今，只要一通电话，就可以实现云端面对面交流，音乐、视频、图片同步传送，享受“全互动”体验；

语音识别为交通出行提供智能导航，AR 沉浸式应用赋能智能制造、智慧矿山等多个领域。

七是大众性。2013 年我国手机普及率已达到 87%，新型消费终端产品加速成熟。2024 年 1~2 月，我国 5G 手机累计出货量占同期手机出货量的 84.1%，成为新机型市场标配。同时，随着消费者健康意识日益增强，对健康类和健身类智能硬件的青睐度也不断提升，掀起新一轮大规模信息消费热潮。

3. 信息消费具有双重效应

一是"新增效应"，二是"替代效应"。信息消费是重要的新兴消费，居民消费意愿强（边际消费倾向递增，从近几年 30% 左右的增长速度中可见一斑），增加信息消费供给、促进信息消费将显著缓解当下面临的传统消费规律性下降、新兴消费供给不足的问题，从而创造新的消费需求，推动消费结构升级。但是，信息消费的发展不仅不会抑制其他类型的消费，反而会带动其他类型的消费增加。相关研究发现，2011 年网络零售总额中有 39% 为新增消费，占全社会消费品零售总额的 2%。这就是信息消费产生的"新增效应"，即信息消费会带动居民新增消费，进而拉高居民消费水平。当然，信息消费也有一定的"替代效应"，由于信息消费具有网络化特征，导致线下消费向线上转移，信息消费对线下消费形成一定的"替代效应"。此外，促进信息消费会加快消费结构升级的步伐，客观上会导致一些传统消费能力减弱。但相较而言，信息消费的"新增效应"要大于"替代效应"，促进信息消费会带动居民消费水平的整体提高，从而有效拉动内需。

（三）解读之三：聚焦信息消费经济效应、寻求扩大内需新途径

众所周知，国民经济由消费、投资和出口 3 个部分组成，通常这 3 个部分也被称为国民经济的"三驾马车"。"三驾马车"中的消费和投资可由国家调控。

出口对于一个国家而言，可以看作一个外生变量，是自身难以控制的。当前，我国经济运行总体平稳，但经济发展中不确定、不稳定的因素也在增加，经济增长下行压力不断加大。同时，消费乏力、投资边际效应持续降低等问题加剧，投资、消费与出口间的结构性矛盾突出，使我国同时面临出口萎缩和产能过剩两大历史性难题。要实现经济持续健康发展，需要切实实现经济转型，将消费作为经济增长的着力点，不断扩大消费总量，实现消费结构的转型升级。而随着信息技术创新的不断加快，信息消费逐渐成长为国内消费市场的重要增长力量，同时表现出强劲的带动作用。信息消费促进消费总量扩张、带动消费结构调整升级的效果已经显现，且未来发展前景广阔、潜力巨大。

信息消费所涵盖的范围需要从消费主体和消费对象两个维度加以考虑。国际金融危机爆发以来，需求萎缩成为全球性经济问题，也是影响我国经济长期持续增长的关键所在。与此同时，信息通信产业正经历新一轮变革期，新技术、新产品、新应用、新服务大量涌现，国内新产品市场以及换代市场的需求高达数万亿元规模，正在成为新型消费热点，对经济增长的带动作用日益凸显。一方面，信息消费已经形成规模巨大的新兴消费市场，对国民经济的直接贡献持续提升。另一方面，信息产品与信息服务在国民经济各领域全面渗透、广泛应用，在工业、农业和服务业等领域不断融合创新，孕育和形成新型消费热点，开辟了更为广阔的消费空间。不仅如此，信息消费表现出与其他类型的消费不同的显著特征。这些特征不仅使信息消费能够成为未来扩大内需的重要支点，更为重要的是，信息作为一种革命性技术，必将成为未来经济增长数量与质量的核心动力。

信息消费的经济效应主要表现在以下 5 个方面。

一是信息消费呈现出边际消费倾向递增的趋势。20 世纪 90 年代以后，随着我国全面加快信息化建设，社会信息化进程加快，尤其进入 21 世纪以后，计算机、互联网进入家庭，丰富了信息消费市场，使信息产品和信息服务在居民消费结构中的比重不断上升，居民对信息产品和信息服务的需求成为居民消费当前发展的重要趋势。相关测算表明，信息消费的边际消费倾向呈现出递增趋势。边际消费倾向的变化体现出消费者的消费意愿的变化，信息消费变化趋势呈现几何式增长。

二是信息消费的产业关联效应异常突出。产业间以各种投入与产出为连接，形成产品、技术、经济甚至社会方面的多维度联系。而信息消费的产业关联具有涉及面广、影响力大、波及时间长等特点。因此，扩大信息消费、挖掘消费潜力变得尤为迫切。

三是信息消费带动产业结构优化升级。巨大的信息消费市场直接带动信息技术产业全链条发展，不断提升产业竞争力和附加值。人们对智能化产品和集成化服务的需求强烈，驱动市场主体积极围绕信息消费旺盛需求扩大投资、推动创新和优化生产，不断提升生活性服务业效率品质和加快智能终端等产品研发上市速度，催生一大批极具活力的新产业、新模式、新业态，增强供给体系对国内需求的适配性。信息消费加速供需互动，推动信息通信技术在生产、分配、交换和消费各环节的应用持续深化，不断提升生产经营效率，提高全要素生产率，成为带动产业结构优化升级的重要力量。

四是信息产业具有低污染、可持续的特点。信息产业作为一种基础产业，是其他产业持续发展的重要保证。它能够提高产品的科技含量，赋予产品巨大的升值空间，使产品所消耗的资源与能源都趋于最少，更加非物质化、信息化。提升信息产业在国民经济中的地位和比重，加速与其他产业的渗透与融合，促进整个国民经济中信息含量的增加，有利于国民经济持续、快速、健康地发展。

五是信息消费所特有的逆向传导机制是未来经济的内生增长动力。信息消费对于经济增长的逆向传导机制，不仅仅局限于信息产业自身与其他产业的关联效应，更为重要的是，信息消费的提升有效刺激了信息产品和信息服务的供给，为新一代信息技术的产生、发展、渗透提供了生存环境。而具有更高技术属性的信息产品和信息服务在进入消费领域的同时，在生产领域也发挥着不可估量的作用。在经济学界，技术被认为是经济增长的关键因素，对于推动经济发展和提高生产力具有重要作用。其中，通用目的技术是最具有革命性的。信息技术具有通用目的技术的一切特点，在改变社会生产方式的同时，对国民经济的增长和转型升级体现出强劲的支撑赋能作用。

然而，在现实经济运行中，针对我国还存在着诸多阻碍信息消费的问题，本节提出以下 4 点建议。

一是国家应加强对关键基础设施和核心技术的前瞻性投入，加大对宽带网络等信息基础设施的投入和建设力度，加快建立包括宽带在内的电信普遍服务基金，形成支持农村和中西部地区宽带发展的长效机制。综合利用各类相关专项资金、国有资本收益金等财政资金，加大对农村和中西部地区宽带接入网络建设与运行维护的支持。

二是鼓励和支持企业加大信息技术投资，推进信息化和工业化深度融合。加大信息化和工业化深度融合专项资金投入力度，支持大中型企业实施信息化综合集成创新、产品信息化等方面的重点工程，支持制造企业拓展在线支持、电子商务、现代物流等领域的发展。针对研发设计、企业管理、信息服务、交易服务、电子商务、工业物流、节能减排、安全生产等环节，支持面向产业链、产业集群、行业性和区域性的信息化服务平台建设。

三是大力发展智能终端，积极培育新应用等信息产品和信息服务，推动新一代信息技术广泛应用。加大财政支持力度，设立数字家庭产品与信息服务推广扶持专项资金，对新购置数字家庭产品或参与产品“以旧换新”活动的消费者予以补贴，加快数字家庭产品进入千家万户。

四是加大信贷等金融支持力度，深入落实扶持制造业、小微企业和个体工商户的减税退税降费政策，推动金融系统通过降低利率、减少收费等多种措施，向实体经济让利。

（四）解读之四：信息消费——网络环境建设先行

伴随着信息技术创新不断加快，各类信息产品和信息服务大量涌现，不断激发新的居民消费需求，电子产品、即时通信、网络购物等信息消费已经成为大众生活中不可或缺的重要组成部分。

第一，良好的信息消费环境有利于扩大信息消费需求，优化消费结构，促进经济增长。随着信息消费环境的改善，人们敢于消费，放心消费，自然就能扩大消费需求，促进消费结构优化升级，从而促进信息产业结构优化、升级，形成新的消费热点和经济增长点，实现信息消费需求与经济增长之间的良性循环。

第二，良好的信息消费环境有利于构建可持续消费方式，构建资源节约型和环境友好型社会。在生产领域，提高资源和能源的利用效率，尽量减少环境污染，大力发展循环经济；在消费领域，也能减少资源和消费品的浪费。生态环境和社会环境的改善有利于构建可持续消费方式，有利于处理好人与大自然之间、人与人之间、人与社会各方面之间的关系，有利于促进经济、社会可持续发展。

第三，良好的信息消费环境有利于提高消费的文明程度，促进社会文明全面进步。营造安全和谐的生态环境和社会环境，提高消费中的文化含量和文化品位，文明生产、文明经营、文明消费有利于提高消费和社会的文明程度。

我国的信息消费环境仍面临着产品（服务）质量不佳、个人信息泄露等问题。例如，部分电子商务平台上的虚假广告宣传和假冒伪劣产品直接影响广大消费者的电子商务服务体验及消费权益；一些经营者以非法占有为目的，编造虚假的企业信用信息和经营情况，实施消费欺诈；海量用户数据也成为黑客攻击的目标，容易造成个人信息泄露。针对我国信息消费环境所面临的问题，可以考虑从优化信息产品和信息服务质量的监管体系、提升信息安全保障能力、加强个人信息保护、规范信息消费市场秩序等方面入手，进一步建立和完善有利于扩大信息消费的政策环境，构建安全可信的信息消费环境。

一是构建信息产品和信息服务质量信息共享系统。在对信息产品和信息服务质量进行监管的过程中，相关质量监管部门应当履行信息搜集与传递的职能，建立一个全国性信息发布平台，对于违法违规行为进行全国范围内的监控和通报，以形成各相关职能部门之间进行产品质量信息交流的有效机制。结合我国实际经验和国外经验，应当加快推进质量技术监督系统的电子政务工作，建立全国联网的质量信息共享系统。

二是构建信息产业企业质量诚信体系。信用是现代市场经济的基石，建立完善的信用制度，健全严格的信用监控机制，是防范信用失常的有效措施。当前结合我国国情和国外经验，借助新兴技术，建立起包括信用等级评定、信用状况的采集和提供、信用监督等在内的完善的个人信用制度和企业信用制度，使行为者的信誉水平与自身的利益密切关联，使失信者受到监督和制约，形成守信者得利、失信者失利的良性机制，促使民众诚实守信，企业重视信誉，不断提高整个社会的信用水平。

三是设立信息消费产品（服务）质量违法行为举报制度。对信息产品和信息服务质量违法行为进行举报，是对产品（服务）质量进行社会监督的一种重要形式。设立质量违法行为举报制度，有利于及时打击质量违法行为，将政府质量监管部门的监督检查与社会监督有机结合起来。

四是加快网络信息安全法治建设。2012 年，《国务院关于大力推进信息化发展和切实保障信息安全的若干意见》对重要信息系统和基础信息网络安全提出了明确的要求，这些要求需要通过法律制度予以明确。从网络身份认证、网站认证和电子签名等网络信任服务方面入手，加强对信息产品和信息服务的检测和认证，不断提升网络信息安全保障能力。

五是明确企业网络信息安全责任。互联网企业应加大投入，提高信息网络安全保障能力，在享受信息消费带来利益的同时，也应同时承担保障网络安全、保障数据安全的义务。在个人信息保护方面，需要通过法律制度建设、技术标准规范、管理制度健全、企业自律和社会监督、个人安全意识教育等多种方式，多措并举。我国发布的《全国人民代表大会常务委员会关于加强网络信息保护的决定》为个人信息保护建立了基本的法律制度框架，各行业、各部门应依据该决定进一步加强个人信息保护制度建设。

六是从法律、行政、技术、行业、社会5个角度出发，尽快建立健全网络个人信息安全保护体系。切实落实个人信息安全保护国家标准，企业应自觉做好个人信息安全保护工作，为促进信息消费营造良好的制度环境。

良好的信息消费环境可以极大增强消费者的消费信心，扩大信息消费需求，提高信息消费质量。只有用完善的规则制度理顺消费秩序，用品质提升消费动力，营造安全、可信赖的信息消费环境，才能让消费者放心消费，从而为促进信息消费、扩大国内需求提供坚实的基础。

（五）解读之五：信息消费起航，关联产业发展路在何方

产业结构是经济增长质量的重要指标，其不仅反映了经济质量，更是一个国家增长潜力和可持续发展的内在动力。现代经济增长方式在本质上是以产业结构变动为核心的经济模式，扩大信息消费则是产业结构优化的最优途径。相关研究表明，居民消费与产业结构之间存在着相互依赖、相互促进的关系。

1. 信息消费对于国民经济有何意义

信息消费带动信息技术产品、系统、服务升级，催生商业新模式新业态，加速壮大信息技术产业，提升现代服务业质量和效益，推动国民经济快速增长。以美国为例，信息技术产业是美国对经济发展贡献最大的高新技术产业，

苹果、谷歌、英特尔、亚马逊等高科技企业在全球具有极高的影响力，也是美国的支柱产业之一，为美国创造了巨大的财富。信息技术产业对经济的影响不断加深，信息消费的扩大推动了信息技术产业的升级，是未来产业结构调整中不可错失的契机。

2. 信息消费如何作用于产业结构

在提高消费结构的同时，信息消费通过需求与供给的自我平衡机制，反作用于产业结构，使较低层次产业中的资金、人才、技术向更高层次的产业转移，加快信息技术与传统产业的融合，产业结构随之呈现结构优化和转型升级的趋势。我国应充分利用信息消费与产业结构的双向作用机制，进一步扩大信息消费产业结构升级的战略目标。**第一，信息消费具备极强的国民经济产业关联效应。**信息产品与信息服务所对应的产业横跨第二产业、第三产业，产业关联具有涉及面广、影响力大、波及时间长等特点。**第二，扩大信息消费对于产业结构升级作用显著。**信息消费引领信息产品和信息服务升级，加速构建新一代信息技术产业体系。信息技术创新及产业化加快了催生其他产业商业模式创新的步伐，信息资源成为现代服务业发展的战略要素。

3. 信息消费起航，谁将受益

总体来说，提供信息服务的所有企业都可能在促进信息消费中受益，相较而言，以下 4 类企业受益会更明显。**一是提供宽带接入服务的企业，**特别是提供移动宽带接入服务的企业，因为实现网络接入是后续信息服务的前提和基础。**二是移动互联网企业，**特别是提供移动即时通信、移动搜索等服务的企业，其由于把握移动互联网入口而受益良多。**三是提供在线数据处理、存储等服务的企业，**包括提供电子商务平台服务、公共服务平台服务、云计算平台服务等的企业，因为这部分需求将在未来几年快速攀升。**四是提供与智能家居、智慧

城市相关的物联网服务的企业，该类服务市场潜力巨大，有望成为新的蓝海。此外，信息服务最终还需要依托信息终端来实现，信息服务的发展将带动终端产品供给者受益。提供智能手机、平板计算机、笔记本计算机、导航仪等终端设备，数码相机等消费电子产品，智能电视机、机顶盒等智能家电，移动应用等软件产品，以及各类相关芯片的上游企业将直接受益，迎来市场延伸和消费升级的良好契机。信息服务的提供需要搭建网络和平台，路由器、交换机、光通信设备等通信设备，服务器、存储设备等 IT 设备的市场也将随着用户消费需求上升迎来较大的拓展空间。其中，通信设备市场随着“宽带中国”战略、新型基础设施建设获得快速发展，而 IT 设备市场将随着用户信息服务需求的上升获得稳步增长。

4. 关联产业发展，路在何方

随着越来越多的国家和地区加入信息化浪潮的竞争、贸易与投资的行列，商品、服务和生产要素的跨国流动日益提高，产业体系优化与产业关联紧密化已经成为当前世界经济发展的主要趋势。处于国际分工体系下的中国信息产业发展，将受到全球经济发展周期和信息产业的影响，而信息产业的自身变动也将波及其他产业与国家。我国发展至今，尽管已经形成较为完整的国内产业体系，但在各个产业内部结构以及整体产业建设上存在非均衡发展问题，在全球化背景下，这种不均衡性还有进一步加重的趋势。而随着生产力的进步以及分工的不断深化，产业生产日趋专业化，经济的持续增长需要各个产业部门间的协调发展，个别产业的发展滞后将影响整体经济发展。因而，在制定未来产业发展规划、信息产业政策时，应当避免以往仅注重问题产业调控、单一产业建设的问题，应当从产业关联的角度出发，调点控面，全盘规划，系统引导，注重产业的整体协调发展。同时应充分考虑到我国各个信息产业与其他产业资源的联系，以及产业政策实施效果对国民经济的影响，在多方博弈中寻求最优发展路径。

2017 年《国务院关于进一步扩大和升级信息消费持续释放内需潜力的指导意见》系列解读

（一）解读之一：政策背景与总体考虑

《国务院关于进一步扩大和升级信息消费持续释放内需潜力的指导意见》（以下简称《指导意见》）的重点部署可用“一四二六”来概括，即围绕“一条主线”、聚焦“四类领域”、把握“两大抓手”和夯实“六个保障”。

1. 围绕“一条主线”，加快消费升级

《指导意见》深化网络信息技术融合创新应用，围绕推动供给侧结构性改革这一主线，坚持问题导向和目标导向，从信息消费结构和供需结构变化出发，突出创新驱动发展，提升有效供给能力，加速激发市场活力；积极创造良好的消费环境，夯实信息消费基础；以信息消费升级带动产业转型，满足人民群众日益增长的消费需求，促进经济社会持续健康发展。

在此基础上，《指导意见》提出了扩大和升级信息消费的指导思想、基本原则和发展目标。在指导思想方面，深入贯彻习近平总书记重要讲话精神和治国理政新理念新思想新战略，积极拓展新产品新模式新业态，扩大信息消费覆盖面，加强和改进监管，完善网络安全保障体系，满足人民群众日益增长的消费需求。在基本原则方面，坚持创新驱动，创造更多适应消费升级的有效供给，带动多层次、个性化的信息消费发展；坚持需求驱动，推动信息产品供给结构与需求结构有效匹配、消费升级和有效投资良性互动；坚持协同联动，营

造“能消费、敢消费、愿消费”的环境，形成政府、企业、消费者多方协同的良好发展格局。在发展目标方面，《指导意见》围绕信息消费总规模、带动作用、信息基础设施、生态体系、服务能力、消费环境等环节提出发展目标。

2. 聚焦“四类领域”，全面满足需求

《指导意见》将扩大和升级信息消费，聚焦生活类信息消费、公共服务类信息消费、行业类信息消费及新型信息产品四类重点领域，着力拓展高品质信息消费，不断满足人民群众日益增长的消费需求。

在生活类领域，重点发展线上 + 线下商务（Online to Offline，O2O）服务、数字创意内容和服务、交通旅游服务等便民惠民新业态。在公共服务类领域，重点发展智慧健康、在线医疗、在线教育及“互联网 + 政务服务”。在行业类领域，重点发展面向垂直领域的电子商务平台、支撑信息消费全过程的移动支付、现代物流、供应链管理等支撑服务。在新型信息产品领域，大力推广中高端移动通信终端、可穿戴设备、数字家庭产品等，创新发展虚拟现实、智能网联汽车、智能服务机器人等前沿科技产品。

3. 把握“两大抓手”，实现供需匹配

《指导意见》兼顾远近目标，从供给侧和需求侧两端发力，加快突破发展瓶颈。一方面，从供给端着手，扩大有效供给，提供产品质量和服务水平，以供给创新释放消费潜力，实现从低水平供需平衡向高水平供需平衡跃升。另一方面，从需求端发力，扩大信息消费覆盖面，让更多人民群众用得起、用得惯、用得好信息消费，共享技术发展成果。

在供给方面，增强供给能力，提升供给质量。一是增加信息产品有效供给。丰富数字家庭产品供给，大力发展高端智能终端。推动应用电子产品智能化升级，在交通、能源、农业等领域开展应用示范，提高信息产品品质。二是

提升信息服务能力水平。培育一批系统解决方案供应商，提高面向各行各业的信息化综合集成能力。三是丰富数字创意内容和服务，面向消费者个性化、多样化的服务需求，构建新型优质的数字文化服务体系。四是鼓励重点领域创新发展，推动在线开放教育资源平台建设，丰富在线医疗服务内容，进一步扩大电子商务服务领域，打造农村电子商务平台、工业电子商务平台等。

在需求方面，扩大消费覆盖面，提升民生福祉。一是推动信息基础设施升级，扩大农村信息接入，推动光纤和4G广泛覆盖，推广5G商用普及，加快工业互联网、云计算等应用，优化网络布局。继续开展电信普遍服务试点，实现行政村“村村通宽带”。二是加快信息终端普及和升级，提升国民消费能力，推广面向细分人群的信息产品。组织开展消费者信息技能提升工程，依托社会力量开展信息技能培训。三是推动信息消费全过程成本下降，优化信息消费体验。围绕通信、物流、信贷、支付、售后服务等关键环节，全面提升效率，降低成本。鼓励地方和行业通过各种方式丰富消费者体验，培养消费习惯。

4. 夯实“六个保障”，营造良好环境

《指导意见》以优化信息消费环境为支撑，提出六项政策措施，创新制度体系，提高信用和安全水平，让人民群众能消费、敢消费、愿消费，保障信息消费良性发展。

在行业监管方面，要求坚持包容审慎监管，加强分类指导，深入推进“放管服”改革，创新行业服务和管理方式，深化电信体制改革。在信用体系建设方面，健全用户网络身份认证及网站认证服务等信任机制，构建面向信息消费的企业信用体系，加强信息消费全流程信用管理，营造公平诚信的信息消费市场环境。在个人信息和知识产权保护方面，全面规范个人信息采集、存储、使用等行为，加大对窃取、贩卖个人信息等行为的处罚力度，加强网络文化知识产权保护。在消费安全方面，加强网络信息安全相关技术攻关，推进互联网管

理和网络信息安全保障体系建设，支持第三方专业机构开展网络安全评估和认证，做好网络购物等领域的消费者权益保护工作。在财税支持方面，深入推进信息消费试点示范城市建设，鼓励各地加大对信息消费领域的政策支持力度，促进社会资本对信息消费领域的投入。在统计监测和评价方面，完善信息消费统计监测制度，进一步明确统计范围，建立健全信息消费评价机制，研究建立并定期发布信息消费发展指数。

（二）解读之二：把握三大关系，增强信息消费发展动力

《指导意见》的出台是顺应我国数字经济发展客观规律，着眼全面建成小康社会总要求，通过需求拉动、供需互动、市场驱动，推进信息消费纵深发展、融合发展的重要国家政策，对进一步增强有效供给、释放内需潜力、壮大内生动力具有重要意义，有利于在更高水平、更高层次、更深程度实现供需新平衡；有利于促进经济增长、优化经济结构、普惠社会民生。贯彻落实《指导意见》，需要把握好三大关系。

1. 把握信息消费与经济发展的关系

“十三五”以来，我国经济保持稳中向好的发展态势，市场供求关系不断改善，居民收入逐年攀升，消费结构持续升级，为进一步激发信息消费潜力创造了极为有利的条件。当前，我国信息消费正处于从 1.0 阶段向 2.0 阶段跃迁的新阶段，即从“信息的消费”转向“信息 + 消费”，由以线上为主向线上 + 线下融合的新消费形态转变，呈现增长速度快、创新活跃度高、辐射范围广、带动作用强和资源消耗低等优势，成为新时期提振国民经济、深化供给侧结构性改革、促进新旧动能接续转换的关键抓手。

自 2010 年起，我国就进入中上等收入国家行列。2019 年我国人均 GDP 突破 1 万美元，进入中高等收入国家行列。2023 年我国人均 GDP 达到 1.27 万美元，同比增长 5.2%，全国居民人均可支配收入实际增长 6.1%，有力支撑居民消费能

力的提升。根据国际经验，高收入发达国家消费对经济增长的贡献在75%以上，中上等收入国家在65%左右。2023年我国最终消费支出对经济增长的贡献率为82.5%，消费在经济增长中的作用更加明显。通过科技创新，扩大信息消费引领经济增长，进而跨越"中等收入陷阱"，既是大势所趋，也是发展所需。

信息消费成为消费结构升级的方向。从发达国家经验来看，收入水平与消费结构密切相关，人均可支配收入达到中等发达国家水平后，IT、通信等方面的消费比例显著提升，具有高技术含量、高服务含量、高可扩展性的信息消费成为消费结构升级的重要方向。人们不再满足于低质低价的产品和服务，个性化、小众化、高端化需求快速释放，传统生存型、物质型消费向发展型、服务型消费转变，各类信息产品和信息服务消费需求增长迅速，在消费升级中创造出巨大的消费增长空间，不断优化消费结构。

信息消费对经济增长贡献显著。2016年，信息消费规模达3.9万亿元，对GDP增长直接贡献达0.8%，对全社会生产效率提升的作用达35%，直接贡献新增就业岗位172万个，间接新增就业岗位406万个。面向"双千兆"网络的应用和智能终端加速升级，物联网、云计算等服务垂直行业的信息消费产品进一步推广，不断形成一个又一个新兴消费热点。例如，5G商用带动VR/AR、赛事直播、虚拟购物等新型服务快速发展，可穿戴设备等新型智能终端加速普及，2020—2025年5G商用将带动信息消费8.2万亿元。

经济增长与信息消费扩大升级是相互依托、相互促进的关系。《指导意见》着力打造信息消费升级版，指出进一步促进信息消费、培育壮大新模式新业态新产业的主要方向，提出相关的保障支持政策，这对新形势下加快信息消费持续健康发展和培育经济发展新动能起到积极有力的推动作用。

2. 把握需求变化与有效供给的关系

我国具备信息消费扩大升级的坚实基础和良好环境，这是当下国情，更是发展潜力和优势。扩大升级信息消费，要把握好供给和需求的有效匹配和动态平衡。需求升级会带动产业结构和投资结构调整，刺激供给创新，吸引资源向新信息消费领域集聚。

信息消费扩大升级具备坚实基础。一是用户基础。2017年上半年，我国光纤用户2.6亿，4G用户8.9亿，移动互联网用户11.7亿。截至2024年3月末，我国三家基础电信企业[1]的固定互联网宽带接入用户达6.47亿户，三家基础电信企业及中国广电的移动电话用户总数达17.55亿户，其中5G移动电话用户达到8.74亿户，信息消费用户群体规模庞大。二是网络基础。全国互联网宽带接入端口数量达11.53亿个，建成全球规模最大、技术先进的5G网络。电信普遍服务稳步推进，历史性实现"村村通宽带"，农村与城市基本实现"同网同速"。网络提速降费成效显著，互联网接入门槛持续降低。三是产业基础。我国智能终端供给能力不断增强，2023年，我国厂商智能手机出货量全球占比达到48%，并加速向中高端机型迈进。智能家居、个人可穿戴设备、医疗健康、互联网汽车等新型智能硬件产品创新活跃，在消费领域的应用创新已形成全球引领优势。

信息消费需求正发生变化。一是新群体快速崛起。截至2017年6月，我国网民规模达到7.51亿人，占全球网民总数的五分之一。截至2023年年底，我国网民规模达到10.92亿人。20～39岁年龄段的网民占比达到32.9%，新生代信息消费群体不断壮大，"拇指消费"逐渐成为主流。二是数据流量增长迅猛。2017年我国移动用户每月使用流量已超1.5G，2023年我国移动用户每月每户使用流量超过16.8G，比2022年增长10.9%。2024年春节期间（2月9日0时至2月17日24时），我国累计移动互联网用户接入流量比2023年春节增长21.7%。其中，5G流量大幅提升，较2023年春节增长72.7%。三是边界

1　三家基础电信企业是指中国移动、中国联通和中国电信。

迅速拓展。信息服务从通信需求转向应用服务和数字内容消费，信息产品从手机、计算机向数字家庭产品、智能网联汽车等新产品延伸，共享化、智能化和场景多元化趋势明显。四是理念深刻改变。“使用而不购买”的新消费观念被广泛接受，分享经济新业态在较好解决广大人民群众需求的同时，通过网络信息技术提升产业附加值，为释放资源潜力、增强经济发展活力提供有效手段。

新供给市场形成引领优势。传统线下消费逐渐向线上延伸，网络化程度不断深化，线上 + 线下融合供给新模式加速构建。在生活消费领域，电子商务、交通出行、网络订餐、旅游住宿、教育医疗等领域的新型信息消费迅速兴起。截至 2017 年上半年，我国网络购物用户超过 5 亿人，网上零售额超过 3 万亿，同比增长 33%。截至 2023 年年底，我国网上零售额 15.42 万亿元，增长 11%，网络购物用户规模达 9.15 亿人，占网民整体的 83.8%。同时，互联网在公共服务等多个领域中的应用不断深化，更好地满足人民群众日益增长的美好生活需要。其中，网上外卖、在线旅行预订、网约车、互联网医疗用户规模分别达到 5.45 亿人、5.09 亿人、5.28 亿人、4.14 亿人。

信息消费需求扩大和升级，不仅可以促进信息基础设施建设和信息技术产业发展，还可以引领信息产品和信息服务的升级迭代，甚至带动万亿级新兴市场。《指导意见》强调坚持需求拉动和创新驱动的原则，制定增强信息消费供给能力和扩大信息消费覆盖面等举措，突出了从供给侧和需求侧两端发力的重要性。将供给侧结构性改革作为扩大和升级信息消费的主攻方向，创新信息服务模式，增加信息产品品种，全面提升品质品牌，创造更多有效供给。同时，加快普及信息消费，积极拓展消费升级，切实增强消费体验，能够更好地满足人民群众日益增长的信息消费需求。

3. 把握创新发展与审慎监管的关系

人人互联、万物互联、人机互联深入发展，网络信息技术广泛融入经济社会的各个领域，实体经济在互联网架构之上快速发展，加快向网络化、智能化演进升级，以线上带线下、以平台带生态、以新兴带传统的数字经济新范式加速形成。信息消费是创新活跃的领域，是融合发展的领域，是不断演进升级的领域。坚持“鼓励创新、包容审慎”，是推动信息消费长期健康发展的基本前提。

政府监管面临诸多挑战。信息消费作为市场驱动的变革力量，带来一系列新情况、新问题。一是新型劳动关系。借助互联网平台，消费者可以直接参与研发、制造、营销等生产过程，涌现出众创、众包、众筹等新模式新业态，数以亿计的“产消者”、网络接单的兼职者涌现，人的智力、体力、技能、资产价值进一步充分释放，平台与个体之间非雇佣式的新型劳务关系正在形成。二是平台治理问题。互联网平台发展的跨领域与跨地区特点突出，立法滞后或缺失，平台、政府、用户之间的责任划分不清晰。监管条块化与属地化分割，各行业和各地区对同一业态的管理要求和标准不尽相同。平台治理对象数量庞大、违规行为类型多样、业务模式迭代迅速，以事前审批为主的治理方式和依靠人力集中检查的治理手段难以适应平台发展。三是安全可信问题。越来越多的用户、设备、系统联网，安全威胁加速从线上消费向融合消费领域渗透，网络信息安全风险持续放大。网络支付安全、用户身份及网站信任服务滞后等问题突出，制约信息消费扩大升级。

包容审慎营造良好环境。如何掌握好创新与规范的平衡，协调好新旧业态的融合发展，是扩大和升级信息消费必须处理好的关键问题，考验着各级政府的治理能力和治理水平。我国政府高度重视新模式新业态在我国经济社会发展中的“生力军”作用，强调要坚持“鼓励创新、包容审慎”的监管原则，积极探索审慎监管和社会共治的管理格局，促进信息消费新产业新业态的健康发展。扩大和升级信息消费，一方面要放宽新模式新业态的准入门槛，积极探索适应新兴产业特点的监管规则，完善跨行业协同管理，跨地区协作机制，破除行业和地域壁垒，进一步激发各类社会主体的创新活力；另一方面要树立底线意识，设置合理的“安全阀”和“红线”，着力防范区域性、系统性新风险，严格保护市场主体的合法权益，大力营造更加宽松、活跃、有序、健康的发展环境。

《指导意见》贯彻落实党中央、国务院关于深化“放管服”改革的重大战略部署要求，提出要简化行政审批程序，进一步推进信息消费领域“证照分离”，加强分类指导，全面推行清单管理制度，放宽新模式新业态的准入门槛，促进公平竞争、防止垄断，为更好的“管”和更优的“服”创造条件。《指导意见》鼓励以包容审慎的监管原则助力新动能健康成长，鼓励在信息消费领域推动“双随机、一公开”，完善失信惩戒制度，强化事中事后监管，探索监管方式创新，优化服务，为新产业、新业态、新模式规范发展留出充足空间。

（三）解读之三：从供给侧发力推动信息消费升级

我国消费水平不断提高，消费结构加速升级，信息产品的形态日渐丰富，信息服务方式日趋多样，信息消费的内涵和外延得到极大扩展，在需求端、供给端都呈现出发展的新特征。《指导意见》指出，要以推进供给侧结构性改革为主线，打造信息消费升级版。应从供给侧发力，以满足多层次多样化消费需求为出发点，着力“补短板、提质量、促创新、优环境”，迅速形成适应信息消费新需求的有效供给。

1. 信息消费进入全面升级阶段

网络信息技术正引领我国信息消费的新一轮创新浪潮，新的供给模式不断兴起，新的消费需求不断激发，信息消费发展全方位升级。

从需求端看，新兴消费需求加速释放。消费群体持续扩大，2017 年上半年，移动互联网用户达 11.7 亿人，同比增加 17.2%。截至 2023 年年底，我国移动互联网用户达 12.27 亿人。“90 后”“00 后”新生代快速崛起，成为网络消费的中坚力量。信息消费需求快速升级，绿色、安全、分享、共享等新消费理念深入人心，消费由传统的生存型、物质型向发展型、服务型等新型消费模式转变。

从供给端看，新型供给能力孕育成长。互联网开放平台与资源分享极大地降低了创业创新的门槛，众多创业者、中小团队和个人正在成为信息产品和信息服务的重要供给力量。“互联网+”在生产生活领域全面推进，一方面，信息技术领域自身的产品和服务不断创新，可穿戴设备、消费级无人机等智能硬件层出不穷；另一方面，各领域积极利用信息技术改造传统产业，数字家庭产品、智能网联汽车等融合型产品和服务拓展了信息消费的空间。

2. 信息消费面临供需匹配难题

与此同时，信息消费既面临充分释放需求潜力的要求，也面临供给能力创新不足的问题，供需结构存在明显问题，主要矛盾是供给能力不能适应信息消费升级的要求。

中高端信息产品和服务供给不足。我国电子信息产业仍处于全球价值链中低端，低端产品供大于求、产能过剩。同时，缺乏能够提供综合集成解决方案的供应商，缺少具备全流程覆盖能力的头部企业。

个性化需求挖掘不足。许多新型信息服务和信息产品具有爆发式、短期性的发展特点，容易出现跟风式消费、同质化竞争等情况，难以形成稳定的消费预期，需要积极培育和引导多层次、多样化的消费需求，使扩大内需更加有效、更加持久。

新业态与政府治理模式之间的摩擦凸显。传统监管模式已不能适应信息消费跨界融合发展的要求，部分行业准入门槛过高，抑制了在线医疗、网络约车等新业态的供给。政府监管部门与大型互联网平台之间的权责划分模糊，对于打击假货、保护消费者权益等方面的责任不明确。

挤出效应带来潜在风险。信息消费的新模式新业态快速发展，对传统实体经济形成一定冲击，可能形成新的风险或放大原有风险。例如，受网络零售冲击，部分传统零售企业出现闭店和退出现象；信息消费直接对接供需，压缩传统产业链的环节，可能造成结构性失业等。

3. 以创新供给扩大和升级信息消费

在当前新的技术生产力和社会发展的环境下，信息消费的产品形态、商业模式还未成熟，且还有很大的发展空间，这些需求需要通过供给创新进一步挖掘。

补短板，扩大信息消费覆盖范围。截至 2017 年年底，我国互联网普及率达到 53.12%。截至 2023 年年底，我国拥有超 14 亿人口，互联网普及率 77.5%，在信息网络、智能终端、应用服务和技能培训等方面还存在较大差距。差距就是潜力，应加快补齐短板，让更多人民群众都能用得上、用得起、用得好信息服务，共享技术进步的成果。继续实施网络提速降费，提升上网体验，降低信息消费的成本；积极推进电信普遍服务，加快农村和边远地区宽带网络的覆盖和升级，促进信息消费广泛延伸。开展信息终端普及计划，面向农村地区、老年人、特殊人群开发推广经济实用的智能信息终端。深化网络信息技术在社会民生领域的应用，积极推动农业、工业等传统领域的生产性信息技术服务。推进信息化基础教育，为边远地区和弱势群体提供信息技能培训。

提质量，增加信息消费有效供给。抓住数字化、网络化、智能化发展机遇，加大信息产品研发力度，努力提升信息产品质量和品牌影响力，为适应信息消费升级提供更多有效供给。发展面向家庭消费需求的车载、家居、医疗等网络化、智能化消费终端产品，形成“体验 + 消费”新模式，加快将潜在需求转化为现实消费。推动智能可穿戴设备、无人机、VR 设备等新型电子信息产品的升级换代。发展在线教育、数字动漫、视频直播、数字文化等数字内容产品，带动接入服务、应用服务、智能终端的消费需求。

促创新，引领信息消费持续升级。“互联网＋”广泛渗透到经济社会的各个领域，释放了消费者个性化、多样化消费，形成新的生产方式和销售模式。应继续加强政策引导，推动互联网与各领域的深度融合创新，引领信息消费持续升级。发展工业电商、农村电商、社区电商和跨境电商等新型电商模式。鼓励网络约车、共享单车、家庭旅馆借宿、办公场地短租和在线知识技能互助等分享经济业态创新。加大企业内部信息化软硬件投入，提升信息化应用的水平，继续推进“两化融合”，大力发展智能化生产、网络化协同、服务化延伸和个性化定制等制造新模式。推进互联网技术在农业生产、加工、流通、销售等环节的深度融合和应用，大力提高现代农业网络化、智能化、精准化的水平。

优环境，激发信息消费发展潜力。安全可信的消费环境是增强信息消费信心、激发信息消费潜力的基础条件。推动移动支付、信用体系、现代物流等新型商业基础设施建设，形成大市场、大流通、大服务格局，奠定信息消费发展基础。推动建立网络信用管理机制，完善服务质量管理体系，健全投诉处理机制，提供更加安全、优质、便捷、实用的产品和服务。积极运用大数据分析等技术手段，加强对互联网平台企业、小微企业的随机抽查等事中事后监管，实施企业信用信息依法公示、社会监督和失信联合惩戒。加大对利用“伪基站”、非法网站、恶意软件等侵害用户权益行为的打击力度，严格规范收集使用用户个人信息的行为，保障用户知情权、选择权和隐私权，切实维护用户的权益。

（四）解读之四：信息消费点亮未来数字新生活

随着网络信息技术对经济社会各领域的融入越来越深入，人们加快进入数字经济时代。在这个经济社会全面数字化转型的新时代，未来的数字生活会是什么样？《指导意见》明确了未来信息消费扩大升级的重点领域和主要任务，描绘了一幅宏大、美好的数字生活图景。

1. 移动支付支撑全场景生活购物

《指导意见》明确发展的第一大重点领域就是与改善民生密切相关的生活领域，提出要发展满足人民群众生活需求的各类便民惠民服务新业态，重点发展面向社区生活的线上 + 线下融合服务、面向文化娱乐的数字创意内容和服务、面向便捷出行的交通旅游服务，这些领域的信息消费构成未来数字生活的主要场景。互联网尤其是移动宽带网络广泛普及以来，消费者迅速接受了网络购物、网上订餐、预订机票酒店等快捷便利的消费方式。移动互联网带给人们最大的便利就是生活服务的全场景数字化，其中发挥了重要作用的正是移动支付。从线上到线下，从家庭到菜场，从超市到餐馆，从机场到景区，移动支付无处不在，无缝衔接。据统计，2016 年，我国超过 4.1 亿人使用移动支付，其中近 90% 的人是通过移动设备实现的。截至 2023 年年底，我国网络支付用户规模达 9.54 亿人，占网民整体的 87.3%。移动支付业务 1851.47 亿笔，金额 555.33 万亿元，同比分别增长 16.81% 和 11.15%。便利的移动支付促进了以线上为主的信息消费 1.0 向线上 + 线下融合的信息消费 2.0 升级。这既包括线上购买的同时使用移动支付，例如网络购物、网上订餐、订门票等，也包括线下购买的同时使用移动支付，即在各种实体场所购物消费并使用移动支付。

2. 家居产品互联打造美好智慧家庭

《指导意见》明确要求推广数字家庭产品，鼓励企业发展面向定制化应用场景的智能家居“产品 + 服务”模式，推广智能电视机、智能音箱、智能安防设备等新型数字家庭产品，积极推广通用的产品技术标准及应用规范。以智能家用电器等产品为支撑的智慧家庭正在成为未来数字生活的主要组成部分，为生活带来更多便利性和舒适性，让更多人享受到技术进步和产品创新带来的愉悦生活。随着家庭生活和娱乐设备向网络化、智能化的转变，无论是电视机、冰箱、洗衣机、电饭煲等传统家用电器，还是音箱、台灯、相框、窗帘等物件，只要安装了 Wi-Fi 模块，都能联网并实现智能化，通过手机等移动终端即可将家中所有电器、设备相互连接并实现远程控制和云端数据的远程共享。从供给端来看，智慧家庭作为连接消费者最紧密的载体之一，能够衍生出多样化的服务业态，加快产消对接与协同，最终形成新的生态体系。海尔、格力、小米等企业纷纷发力，希望通过提供"有形产品 + 无形服务"，打造以自身业务为核心的智慧家庭生态体系，互联网头部企业、电信运营商也纷纷布局智慧家庭相关领域。

3. 在线教育满足终身学习需求

《指导意见》要求建设优质在线开放课程和资源库，鼓励相关机构面向继续教育开发在线教育资源，推动在线开放教育资源平台建设和移动教育应用软件研发，支持大型开放式网络课程、在线辅导等线上 + 线下融合的学习新模式。在线教育作为信息消费发展的重点领域，给人们带来了全新的数字化学习体验。在线教育的形式和内容随着互联网的发展而趋于多样化，其跨时空的核心优势在很大程度上满足了消费者碎片化学习的需求，越来越多的用户开始尝试这种新型的学习形式，这使在线教育能够真正惠及不同地区的不同人群。同时，在线教育连接学校教育、在职教育和终身教育等阶段，是人才培养体系的有效补充。目前，我国在线教育发展水平具有广阔的发展空间。清华大学的学堂在线作为全球第一个中文慕课平台，2013 年建立，截至 2024 年 3 月底，慕课已上线超 7.68 万门课程，注册用户 4.54 亿，服务国内 12.77 亿人次学习。

4. 数字内容服务带来丰富娱乐体验

《指导意见》提出丰富数字创意内容和服务，加快文化资源的数字化转换及开发利用，构建新型、优质的数字文化服务体系，推动传统媒体与新兴媒体深度融合、创新发展，拓展数字影音、动漫游戏、网络文学等数字文化内容，丰富高清、可互动的视频节目。数字娱乐的主要来源是网络音频、视频、游戏、书籍、图片等数字内容。当前，消费者在数字娱乐上所花费的时间越来越长，催生了一大批以数字内容为主要消费对象的新兴“流量 e 族”。“00 后”年轻群体成长于中国科技进步、经济快速发展的时代，“00 后”相较于“90 后”条件更加优越，是在数字技术不断融入生活环境中成长的一代。截至2023年3月，“00后”用户月人均使用网络时长达 173.2 小时，明显高于全网平均时长。正是这些新兴的数字消费者带动了数字内容的快速增长，也成为流量消费的主要贡献者。

5. 在线医疗服务保障快乐健康生活

《指导意见》提出要重点发展面向居家护理的智慧健康服务和面向便捷就医的在线医疗服务，并强调加强家庭诊疗、健康监护、分析诊断等智能设备研发，推广网上预约、移动支付、结果查询等在线就医服务，推动在线健康咨询、居家健康服务、个性化健康管理等应用。信息消费为人们提供了非常强大的数字康养服务，主要依赖于两类主要的产品和服务来实现。**一是可穿戴设备**。从智能手环到皮肤贴片，再到衣物上的传感器，不同形式的可穿戴设备正快速进入人们的日常生活，越来越多的消费者开始使用可穿戴设备监测健康状况，及时发现身体异常并作出预警。消费者可将智能手机应用程序与可穿戴设备连接，跟踪消费者日常活动并记录热量摄入与燃烧的情况，或通过监测步行里程、体温、脉搏或睡眠质量等信息来监控健康状况。**二是远程医疗服务**。通过建立“智能自助终端 + 云平台 + 服务”的生态体系，专业的远程医疗服务平台能够提供在线挂号、问诊服务，使消费者足不出户就能享受良好的就医体验。结合家庭医生计划，远程医疗服务平台还能实现区域内医疗机构互联互通，结合医疗健康大数据，提高诊断的正确率，降低就医成本。

网络信息技术正在深刻改变甚至颠覆经济社会各领域的运行方式，以此为基础的信息消费更是直接影响到生活领域的衣、食、住、行等各个方面，正在给人们带来巨大变化。未来，随着大数据、物联网、人工智能、虚拟现实、自动驾驶等新技术新业务在信息消费领域普及应用，全数字化智能生活蓝图将越来越逼近现实。

（五）解读之五：多管齐下，拓展农村信息消费新空间

《指导意见》高度关注农村及低收入人群，提出要加快农村及边远地区信息终端普及和升级，针对信息知识相对薄弱的群体，普及信息应用、移动支付、风险甄别等相关知识，积极开展信息技能培训。随着网络提速降费行动和电信普遍服务机制的深入推进，我国农村互联网发展取得长足进步。截至2017年6月，我国农村网民规模达到2.01亿人，互联网普及率上升至34%。截至2023年年底，农村网民规模达到3.26亿人，互联网普及率上升至66.5%。与城市地区互联网的广覆盖、高普及相比，农村互联网还有很大的发展空间，其信息消费市场潜力巨大。

1. 我国农村地区信息消费基础日益完善

农村宽带网络广泛覆盖、资费水平持续下降、智能手机加快普及、互联网应用快速推广等基础条件的完善，大幅促进了农村信息消费发展，深刻改变了农村生活生产方式，为促进农村经济社会发展奠定了坚实支撑。

网民规模持续增长，网络能力持续提升。我国农村网民普及率快速提升，截至2023年年底，全国宽带用户总数达1.92亿户，农村网民规模已达到3.26亿人，占网民整体的29.8%。在“宽带中国”战略和电信普遍服务补偿机制的推动下，我国农村地区宽带建设和升级改造成效显著，已经历史性实现“县县通5G”“村村通宽带”。

应用服务日益丰富，信息消费进村入户。电子商务、电子政务、综合信息服务等互联网应用已得到积极推广。2016 年全国农村网络零售额达 8945.4 亿元，2023 年全年，农村网络零售额达到 2.49 万亿元，同比增长 14.7%。“农信通”“信息田园”等各类农村综合信息服务平台使农民足不出户，就能享受到方便快捷的农业技术、市场、政策等信息服务，备受广大农民群众的欢迎。

2. 农村信息消费升级仍面临诸多短板

农民信息技能缺乏制约农村互联网普及。受文化水平不高、信息需求不足、收入水平较低等因素影响，农村地区互联网进一步普及的难度较大。2021 年中国社会科学院发布的《乡村振兴战略背景下中国乡村数字素养调查分析报告》数据显示，当前我国城乡居民数字素养差距异常明显，农村居民数字素养平均得分为 35.1 分（满分 100 分），比城市居民低 21.2 分。

基础设施发展滞后进一步扩大“数字鸿沟”。我国农村和边远地区，尤其是山区，自然条件恶劣、人口居住分散、经济水平低下、网络部署成本高，导致网络基础设施发展滞后。同时，电商物流配送成本居高不下。国家统计局《2023 年中国统计年鉴》数据显示，农村地区配送范围广且分散，农村投递里程约为城市的两倍。

农村电子商务发展成本高。一是交易成本高，农村电商市场分散，难以形成规模效应，盈利难。部分村级电商服务点若无政府补贴，难以正常运行。二是物流成本高，农产品在途损耗严重、中介费用高，这使农村电商物流配送成本居高不下。三是人力成本高，农村缺乏专业的电子商务人才，仅靠平台投入难以解决农村电子商务发展的根本问题。

3. 多措并举扩大和升级农村信息消费

信息消费普惠农村人群是数字时代全面建成小康社会的必然要求，也是落实农村供给侧结构性改革的有效途径。建议从使用技能、网络终端、应用推广等方面着手，加快补齐农村互联网短板，为转变农村发展方式、培育农村发展新动能提供有力保障。

加强上网技能培训，提升农民信息化技能。手机已成为农民上网的主要渠道，应充分调动手机厂商、电信运营商、农村电商平台的积极性，鼓励他们对农民开展普及培训，提高农民移动互联网使用水平，传授互联网知识和实操技术。

加大农村网络建设，加快智能终端普及。加快农村地区宽带网络全面覆盖和升级改造，夯实农村互联网应用发展根基。为低收入农村群体提供低价实惠的资费套餐，促进信息消费向农村地区广泛延伸。开展农村地区智能终端普及计划，支持企业研发、推广经济适用的信息终端设备，鼓励各地采用消费券、政府补贴、企业让利等多种方式促进信息终端普及。

丰富农村信息化应用，降低电商发展成本。在积极发展电子商务的同时，把"互联网+"应用到农民生产生活的各个领域，激发农村信息消费的潜力。鼓励地方政府加强农村物流设施网络规划，加强村镇末端配送设施建设，整合利用现有邮政、供销、交通等物流资源，共享硬件设施和网络服务，加强城乡互动的双向物流体系建设，健全农村物流网络体系。创新和完善资金投入机制，充分运用财政扶持手段，通过政府和社会资本合作（PPP）、产业基金等市场化模式鼓励更多民间资本投资。

（六）解读之六：发展共享单车，打造信息消费新空间

《指导意见》明确提出了重点发展面向生活的线上＋线下融合服务，以及面向便捷出行的交通旅游服务。共享单车在短时间内实现在重点城市的推广应用，在改变人们出行方式的同时，也推动了信息消费规模的快速增长，为进一步释放我国信息消费的潜力奠定基础。

1. 创新供给模式，改造传统产业

2016 年至今，大量各种各样的自行车遍布城市街头，枢纽地铁站和公交站周边更是成为集散地。这些自行车面向大众，按需使用，服务短距离出行，被称为共享单车。共享单车的出现解决了“最后三千米”的出行问题，为新型城镇规划发展提供支撑。

为自行车插上信息化的翅膀。共享单车在公共自行车的基础上，通过提升硬件配置、创新运营方式，发展模式已较为成熟。主要有 3 个特点：一是以 B2C[1] 为主。通过短时间、大批量投放共享单车，迅速形成规模效应，提高品牌知名度和运营效率。二是支持异地还车。共享单车能够实现任意地点还车，无须再返回租借地，提高了共享单车的使用效率和便捷性。三是灵活便捷支付。共享单车通过扫码计时，支持各种移动支付手段，交易方便快捷。

改自行车制造为自行车服务。共享单车将生产与服务环节有效地连接起来，服务化转型成为传统产业发展的新方向。在共享单车企业的带动下，部分传统自行车生产商开始转型，从过去单纯的自行车生产商向共享单车服务商转变。

2. 深度挖掘需求，提升消费体验

共享单车是治理“城市病”的有效手段。我国城市的公共交通系统快速发展，地铁、公交已经构建起城市交通的“大动脉”。数量充足的共享单车能够充当“毛细血管”，补充完善城市公交系统，为民众出行提供高效的点到点解决方案，有效缓解交通拥堵的同时，也减少城市环境污染。

共享单车契合政府绿色环保发展理念。为缓解交通压力、推进低碳环保，国务院、住房和城乡建设部、国家发展和改革委员会、财政部等多部门发布《国务院关于城市优先发展公共交通的指导意见》《关于加强城市步行和自行车交

1　B2C（Business to Customer，企业对顾客电子商务）。

通系统建设的指导意见》等文件，要求加快推进城市公共自行车系统建设。中共中央、国务院印发的《“健康中国2030”规划纲要》提出，到2030年，经常参加体育锻炼的民众要从2014年的3.6亿人上升至5.3亿人。共享单车作为一种便捷的出行方式，兼具锻炼的功能，更容易被推广和普及。未来这一市场将进一步增长，为信息消费的持续发展提供动能。

2018年《扩大和升级信息消费三年行动计划（2018—2020年）》解读

信息消费是扩大消费、带动投资和引领产业升级的重要经济领域。为贯彻落实《指导意见》相关工作部署，2018年7月，工业和信息化部联合国家发展和改革委员会印发了《扩大和升级信息消费三年行动计划（2018—2020年）》（以下简称《行动计划》），该文件的出台对于推动我国信息消费纵深发展，持续释放内需潜力，促进经济社会更高质量、可持续的健康发展具有重要意义。

（一）《行动计划》背景情况

1. 消费位列经济增长“三驾马车”之首

当前，我国经济由高速增长阶段转向高质量发展阶段。随着居民收入水平的不断提高和消费结构的深刻变革，我国消费需求总量快速提升，产业结构不断迈向高端。在拉动经济增长的“三驾马车”中，最终消费贡献日益凸显，2018年上半年最终消费支出对经济增长的贡献率达78.5%，高于资本形成总额47.1%，成为拉动我国经济增长的第一引擎。2023年，我国社会消费品零售总额创历史新高，最终消费支出对经济增长贡献率达 82.5%，拉动国内生产总值增长 4.3%。

2. 信息消费是消费的重要组成部分

近年来，全球范围内信息技术创新不断加快，信息领域新产品、新服务、新业态大量涌现，不断激发新的消费需求，成为日益活跃的消费热点。信息消费是一个新概念，不是单独的国民经济行业类别，是指各类消费主体购买信息产品和信息服务的全部支出。根据消费对象的不同，信息消费可以分为直接消费和间接消费两大类。

直接消费是指直接消费的信息产品或内容服务，又可以分为信息产品消费和信息服务消费：信息产品消费主要包括智能手机、笔记本计算机、智能电视机、可穿戴设备等各类智能终端产品消费；信息服务消费是指信息通信网络和互联网上承载的各类提供给居民消费的业务或内容服务，典型的信息服务消费包括通信服务、金融信息、电子阅读、音 / 视频、网络游戏、即时通信等服务形态。直接消费的主要特点是以线上和信息为主。间接消费是指通过互联网平台（电子商务、O2O 等）订购和移动支付实现的其他消费，例如购物、餐饮、旅游、出行、教育、医疗等。间接消费的特征是以线上 + 线下的结合为主，以“信息”和“消费”的结合为主。

我国已进入消费需求持续增长、消费结构加快升级、消费拉动经济作用明显增强的重要阶段。信息消费作为重要的新兴消费领域，正处于快速扩张期，公开数据显示，2018 年上半年信息消费规模达 2.3 万亿元，同比增长 15%，是同期 GDP 增速的 2.2 倍，对拉动内需、促进就业、引领产业升级发挥着重要作用。2022 年前三季度，我国信息消费规模超过 5 万亿元，对经济稳增长的作用日益显著。

信息消费对国民经济的贡献不仅仅局限于其作为社会消费品市场的组成部

分，更重要的是，信息通信技术产品与服务在国民经济各领域的全面渗透、广泛应用，在工业、农业和服务业等领域不断融合创新，孕育和形成新的消费热点，开辟了更广阔的消费空间。

3. 信息消费对促进经济社会发展的重要作用

总体来看，信息消费对促进经济社会发展有 4 个方面的重要作用，即有利于扩大内需稳定增长、有利于促进消费结构升级、有利于推动供需互动和产业创新转型，以及有利于改善民生促进就业。

一是扩大内需稳定增长。消费对我国 GDP 的带动作用越来越突出，但相比发达国家仍有较大差距，消费对 GDP 带动作用仍有很大的提升空间。2015 年，美国、日本、德国、英国等发达国家消费占 GDP 的比重均超过了 70%，高于我国水平。而信息消费在扩大内需和带动最终消费方面的作用日益凸显。近年来，包括信息产品和信息服务在内的边际消费倾向显著递增，电子商务、O2O、数字内容等发展迅猛，新型信息消费占比稳步提升，有力推动信息消费保持强劲增长势头，突破传统消费增长瓶颈，形成规模巨大的新兴消费市场，培育新的消费增长点，为扩内需、稳增长开辟广阔空间。

二是促进消费结构升级。消费结构升级是指各类消费支出在消费总支出中的结构升级和层次提高。随着人均收入水平的提升，消费结构升级大致由 3 个阶段组成：一是以生存消费为主，享受消费和发展消费比重不高；二是非耐用消费品比重逐步缩小，耐用消费品和服务消费比重相应提高；三是耐用消费品向高档化方向发展，信息技术、通信技术等方面的消费比例显著提升。从发达国家的经济发展史来看，收入水平与消费结构有着显著的匹配关系。人均可支配收入进入中等发达国家后，具有高技术含量、服务含量、可扩展性的信息消费是消费结构升级的重要表现。

三是推动供需互动和产业创新转型。消费升级的方向是产业升级的重要导向，只有围绕消费市场的变化趋势进行投资、创新和生产，才能最大限度地提高投资和创新的有效性、优化产业结构、提升产业竞争力和附加值，实现质量的提高和效益的增长。信息消费能够通过供需的自我平衡机制催生新产品和新业务的海量需求，为智能终端产品、芯片、信息技术设备、通信设备等终端设备和网络设备企业、信息通信服务企业带来新一轮发展机遇和增长空间。同时，这种需求通过市场手段及时反作用于产业结构，使较低产业形态中的资金、人才、技术向更高级的产业形态转移，推动企业理念、战略、组织、流程、管理、商业模式等全面变革，最终带来产业多角度全方位创新转型，主要体现为变革生产和服务方式、研发新产品和新服务，以及改造升级原有产品和服务等。

四是改善民生促进就业。加快形成以信息消费引领投资、激励创新、扩大就业、改善民生的良性循环机制。一方面，信息产品和信息服务领域的直接信息消费为通信、电子、互联网、数字内容等产业创造了大量的就业岗位。另一方面，通过互联网平台，生活、娱乐、教育、医疗、旅游、交通等领域的间接信息消费迅猛发展，尤其是电子商务、O2O、分享经济等带来的新型就业模式以其就业门槛低、就业时间灵活等优势，带动大量灵活就业和在线创业。据统计，2017 年阿里巴巴在线零售平台创造了 3681 万个就业机会。同时，在线医疗、在线教育、智慧养老等新型信息服务的应用对普惠和改善民生也发挥着重要作用。

（二）信息消费发展新变化

信息消费步入新阶段。近年来，我国网络提速降费深入推进，信息基础设施能力快速攀升，互联网与经济社会融合更加深入，信息消费内涵和外延发生积极转变。信息消费正从 1.0 阶段加速向 2.0 阶段跃迁，即从“信息的消费”转向“信息 + 消费”，由以线上为主的消费向线上 + 线下融合的新型消费形态转变。具体来说，信息消费主要呈现 4 个新变化，即信息消费群体不断扩大、信息消费边界不断拓展、信息消费体验明显改善和信息消费理念加速转变。

第一个新变化是信息消费群体不断扩大。

一是网络用户规模持续扩大。在“宽带中国”战略、网络提速降费行动等推动下，我国网民规模持续扩大，为信息消费规模的扩大提供了庞大的用户基础。截至 2017 年年底，我国网民规模达 7.72 亿人，同比增长 5.6%，互联网普及率提升至 55.8%。截至 2023年年底，我国网民规模达到 10.92亿人。

二是居民消费水平大幅提升。我国已步入中等收入国家行列，2018 年全国居民人均可支配收入达 28228 元，比 2017 年同期名义增长 8.7%。2023 年全国居民人均可支配收入达 39218 元，比 2022 年增长 6.3%。随着国民收入和消费能力持续提升，人们不再满足于低质低价的产品和服务，个性化、小众化、高端化需求被快速释放，传统生存型、物质型消费向发展型、服务型等新型消费转变。

三是用户结构持续升级。宽带用户加速向高速化、移动化升级，2018 年全国光纤宽带用户渗透率突破 80%，全球排名第一；2G 和 3G 用户加速向 4G 迁移，4G 用户超 11 亿户，渗透率达 73.5%。腾讯 2023 年财报显示微信月活跃用户数达到 13.43 亿。

四是信息消费新生代快速崛起。截至 2018 年，“80 后”“90 后”在网络购物用户中的占比超过 65%。截至 2023 年年底，我国网民中 20 ～ 39 岁的网民占比为 32.9%，新生代信息消费群体成为网络消费的中坚力量，带动信息消费向个性化、品质化的方向升级。

第二个新变化是信息消费边界不断拓展。

一是通信服务由语音向数据升级。随着移动互联网应用的日益丰富，居民的通信需求由传统的语音、短信向数据流量转变。数据流量消费大幅增长，占居民通信支出的比重由 2013 年的 30% 提高到 2017 年的 59%。2023 年，三家基础电信企业的流量业务收入占比为 37.8%，达到语音业务收入的 5 倍。

二是信息服务应用持续升级。“互联网 +”在生产生活领域全面推进，渗透路径由第三产业向第二产业、第一产业逆向渗透，从消费互联网快速向产业互联网拓展。电子商务、网络约车、在线教育等线上＋线下融合消费规模进一步拓展，通过模式创新降低社会交易成本和畅通商品服务流通，在促进经济发展、激活传统消费活力等方面发挥了重要作用。

线上＋线下融合业务创新活跃，不断满足大众个性化需求，信息服务消费由以线上为主向线上＋线下融合的新消费形态延伸。在生活服务领域，交通出行、上门服务、餐饮外卖等应用迅速崛起，2017 年网上外卖用户规模达到 3.43 亿人，2023 年网上外卖用户规模约 5.45 亿人，较 2022 年增长 2338 万人；在公共服务领域，在线教育、在线医疗、电子政务等公共服务发展迅猛。

三是信息产品高端化、智能化、泛在化升级趋势明显。一方面，国产智能终端加速向中高端迈进。我国智能终端品牌建设成绩显著，智能手机企业迅速崛起。智能终端占比稳步提升，截至 2018 年第二季度，国内智能手机出货量达 1.85 亿部，占手机出货量的 94.6%，截至 2023 年，国内市场手机总体出货量累计 2.89 亿部，同比增长 6.5%。另一方面，智能硬件产品加速创新扩展，联网设备边界从传统的个人计算机、手机和电视机等信息通信设备向可穿戴设备、汽车等一般物品广泛延伸，应用场景从个人向家庭、城市等更广泛的领域快速渗透，家庭居住、个人穿戴、交通出行、医疗健康等新型智能硬件产品层出不穷，共享化、智能化和多元化趋势日益凸显。

第三个新变化是信息消费体验明显改善。

一是宽带网络全面提速。固定宽带加速向全光网升级，我国地级市基本建成光网城市，实现全光纤网络覆盖，具备百兆以上接入能力。截至 2018 年 6 月底，我国光纤端口超 7 亿个，占宽带接入端口总数的 86%。截至 2023 年年底，互联网宽带接入端口数达到 11.36 亿个，全国行政村 5G 比例超 80%。

二是用户使用互联网的成本大幅下降。《2017 年中国居民消费发展报告》指出，固定宽带、移动数据资费连续 6 年快速下降。截至 2018 年 6 月底，固定宽带每兆带宽的包月费用不到 1 元，仅为 2014 年的十分之一，每兆移动数据流量的平均价格逼近 1 分钱，同比下降超六成。

三是应用设施服务能力加速升级。我国云计算快速发展壮大，已成为培育信息消费的新模式新业态、提升信息消费用户体验的重要支撑。云计算应用范畴不断拓展，用户群体正在由中小型企业向大型企业、政府机构、金融机构快速拓展，服务领域正从游戏、电子商务、视频向制造、政务、金融、教育、医疗等领域延伸。云服务水平大幅提升，在线上订票、“双 11”这样大流量的应用场景下，云计算能够有效满足海量用户的并发支付需求，显著提升用户的信息消费体验。

四是高效物流实现便捷交易。电子商务的飞速发展推动中国智慧物流步入快车道。2017 年，全国快递服务企业的业务量累计完成 400.6 亿件，增长 28%，规模连续 4 年稳居世界第一。2023 年，我国快递业务量累计完成 1320.7 亿件，同比增长 19.4%。我国还建设深度感知的智能仓储系统，一方面将现有的仓储设施进行升级改造，从货架、叉车到手持终端，全面联网化；另一方面建立智能仓储管理信息系统，将有形资源与无形资源高效运营起来，做强起始“一千米”。

五是移动支付实现全场景消费。移动支付成为我国引领世界创新潮流的“新名片”，2017 年移动支付交易达 375.5 亿笔，金额达 202.9 万亿元。2023 年移动支付业务 1851.47 亿笔，同比增长 16.81%。移动支付全面融入老百姓的日常生活，商场、餐馆等都支持手机扫码支付，支付宝和微信支付正加速向海外国家和地区拓展。

六是消费环境日益完善。《中华人民共和国网络安全法》正式出台，确立国家网络安全基本制度，网络安全工作迈上新台阶。关键制度建设不断完善，技术防范管控能力增强，网络信息安全管理水平和用户权益保障进一步提升。深入落实个人银行账户和支付账户的身份认证工作，打击通信信息诈骗工作取得阶段性成效，诈骗电话、垃圾短信、骚扰电话明显减少。

第四个新变化是信息消费理念加速转变。

一是分享模式快速兴起。在“互联网 +”“双创”的推动下，共享单车、分时租赁等分享经济模式快速兴起，颠覆了传统的消费方式，“使用而不购买”的新消费观念被人们广泛接受，分享理念依托网络在消费领域广泛渗透，在出行、短租、内容分享等领域涌现一批新模式新业态，成为最具增长潜力的信息消费新模式之一。

二是有偿使用渐入人心。在信息消费 1.0 阶段，免费模式盛行。也就是说，新闻、搜索、邮件、音 / 视频等互联网信息服务企业一般不直接从使用产品的用户身上赚钱，而主要采用用户免费模式赚取第三方的钱。到了信息消费 2.0 阶段，付费理念逐渐兴起。越来越多的人愿意为了优质、个性的视频、音乐、游戏、教育等资源支付费用，有偿使用的用户群体日益壮大。

信息消费发展进入新阶段，同时也面临新挑战，主要表现为以下 4 个方面。**一是部分地区的消费潜力尚未被充分释放。**城乡、区域之间的“数字鸿沟”长期存在，部分区域和人群的信息消费覆盖面和数字技能还处于较低水平，不同行业间的信息化水平差距较大等制约了信息消费的发展。**二是高端和有效供给创新不足。**信息应用的深度和广度有待拓展，优质的数字内容供给仍有较大缺口，中高端、前沿信息产品有效供给不足，不能满足信息消费升级的需求。**三是平台支撑能力不足。**传统领域利用云服务等水平偏低，同质化竞争和商业模式创新存在不足，平台供需结构的适配度有待提高。**四是消费环境有待优化。**信息消费环境日趋复杂，线下线上问题聚合交错，网络安全保护形势日趋严峻，行业管理制度有待完善。因此，需要继续做好引导工作，加大支持力度，有效推动我国信息消费持续升级。

（三）《行动计划》总体思路和主要内容

1. 总体思路

《行动计划》以加快提升产业供给能力为突破点，以优化信息消费环境为保障，深化信息技术融合创新应用，打造信息消费升级版，从而实现在更高水平、更高层次、更深程度的供需新平衡。

2. 主要内容

《行动计划》围绕一条主线，以人民需要为根本出发点，明确四大着力点，抓好五大支撑点，顺应信息消费发展趋势，释放积极的政策信号。

“一条主线”是指围绕深化信息技术融合创新应用，打造信息消费升级版这一主线。坚持问题导向和目标导向，从信息消费供需结构变化出发，深入推进供给侧结构性改革。突出创新驱动发展，提升有效供给能力，加速激发市场活力；积极创造良好的消费环境，夯实信息消费基础；以信息消费升级充分释放内需潜力，带动产业转型升级，促进经济社会持续健康发展。

在此基础上，《行动计划》提出了扩大和升级信息消费的指导思想、基本原则和发展目标。

在指导思想方面，全面贯彻落实党的十九大精神，强化信息消费对推动经济发展质量变革、效率变革、动力变革的重要作用，促进经济社会更高质量、可持续、健康发展。

在基本原则方面，坚持需求拉动，促进消费升级和产业转型，坚持协同联动，提升全产业链支撑能力，坚持因地制宜，引导各地区特色发展，统筹好促发展与保安全，持续优化信息消费发展环境。

在发展目标方面，《行动计划》围绕信息消费总规模、覆盖范围、载体建设、产业体系、消费环境等方面提出了发展目标。

“根本出发点”是指始终以满足人民日益增长的美好生活需要为出发点。牢固树立以人民为中心的发展思想，针对消费者“不能用、不会用、不敢用、不想用”等各类问题，聚焦重点，从提升供给能力、扩大覆盖范围、提升用户技能、优化消费环境等方面提出一系列措施，为广大人民群众提供“用得起、用得惯、用得好”的信息产品和信息服务，让人民群众能够共享信息技术最新发展成果，切实提高人民群众的获得感和满足感。

“四大着力点”是指提出四大主要行动。

一是新型信息产品供给体系提质行动。加快在中高端消费领域培育新增长点，提升智能可穿戴设备、智能健康养老产品、VR/AR设备、超高清终端设备产品供给能力，深化智能网联汽车发展，引导消费电子产品加快转型升级。

二是信息技术服务能力提升行动。通过组织开展“企业上云”、推进新型智慧城市建设、发布信息技术服务标准（ITSS）体系5.0版、建立基于互联网的“双创”平台等措施，提升信息技术服务能力，促进实体经济向数字化、网络化、智能化方向演进。

三是信息消费者赋能行动。通过加快推进光纤和4G网络深度覆盖、深化电信普遍服务试点、开展信息技能培训和各类体验活动，为消费者赋能，从而释放出更大的内需潜力，拉动消费加快升级。

四是信息消费环境优化行动。进一步完善以信用为核心的全流程市场监管体系，建立完善数据与个人信息泄露公告和报告机制，纵深推进防范打击通信信息诈骗工作，加大对电信和互联网企业服务收费违规行为的处置及曝光力度，切实保障用户权益。

“五大支撑点”是指抓好五项保障措施。

一是加强工作组织协调。支持各地加强信息消费重大决策、重大工程和重大问题的统筹协调，建立完善协同工作机制，明确发展目标和实施方案。支持有条件的地方成立信息消费专家咨询委员会。

二是加大政策支持力度。支持信息消费前沿技术研发，拓展各类新型产品和融合应用。加大鼓励软件和集成电路产业发展力度，支持中小微企业税收政策的落实力度。鼓励有条件的地方设立信息消费专项资金，推动出台支持信息消费发展的专项政策。

三是推动开展试点示范。完善信息消费示范城市建设方案和管理办法，打造一批新型信息消费示范城市。面向生活类、公共服务类和行业类信息服务、新型信息产品等领域，遴选一批发展前景好、带动作用大、示范效应强的典型项目。

四是完善统计监测制度。加快制定完善信息消费统计监测制度，进一步明确统计范围。推动各地方完善本地区统计监测工作机制，及时上报信息消费工作进展情况。建立健全信息消费评价机制，定期发布信息消费发展指数，推动信息消费持续健康发展。

五是搭建产业合作平台。推动“产、学、研”深入开展合作，在信息消费标准制定、技术验证、产品孵化、国际拓展等方面，创新管理和运作机制，打造多方协作、互利共赢的产业生态。

（四）下一步工作推进思路

一是加强信息消费政策文件宣贯。开展对地方主管部门、企事业单位、相关行业组织机构的政策咨询和引导工作。组织开展信息消费创新大赛、城市行、体验周等各类活动，扩大信息消费的覆盖面和影响力。依托联盟、行业协会等集体力量，分片区、分步骤面向重点人群开展信息技能培训，广泛普及信息应用、移动支付、风险甄别等相关知识，提升消费者对信息把控的技能，推动经济社会各领域“信息＋消费”蓬勃发展。

二是完善信息消费相关政策体系。加快推动建立信息消费运行统计制度，动态监测发展态势，及时反映各领域的进展变化，做到精准施策、持续改进、务实高效。完善信息消费示范城市建设方案和管理办法，鼓励地方加大支持力度，建设一批信息消费示范城市，实现特色化发展。积极争取财政资金支持，推动设立信息消费专项，发展前沿技术，培育各类新型应用。

三是持续优化信息消费发展环境。进一步推动网络提速降费，夯实信息消费基础。加强共享经济等互联网平台监管，推动开展移动智能终端应用程序备案管理。加强网络和信息安全标准体系顶层设计，提升网络基础设施安全防护水平。巩固防范打击通信信息诈骗工作成效，强化行业监管职责和企业主体责任。深入开展数据安全和用户个人信息保护专项检查，加大对泄露用户个人信息等违法违规行为的惩罚力度。

第五章

重点领域消费新模式新业态发展情况

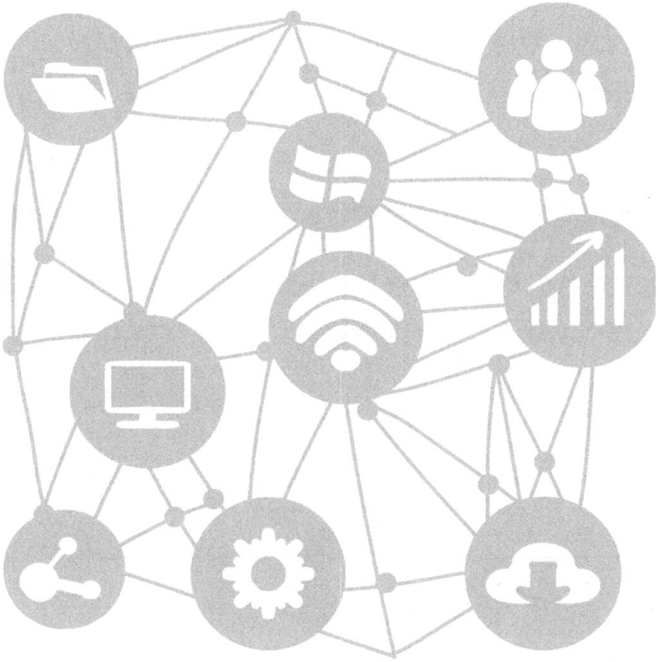

电子商务持续推陈出新

（一）总体情况

随着我国互联网技术的迅猛发展，各种新兴技术（例如，大数据技术、云计算技术等）被广泛应用于零售业中，开创了我国零售业销售新模式。网上零售新兴业态迅速发展，呈现线上＋线下高度融合的趋势，构成促进我国消费增长的新动能。国家统计局数据显示，网上零售新兴业态的发展态势稳定且良好，网上零售总额连年攀升，占社会消费品零售总额的比重整体上呈逐年增加趋势。2015—2023 年网上零售总额及实物商品网上零售额在社会消费品零售总额中的占比如图 5-1 所示。

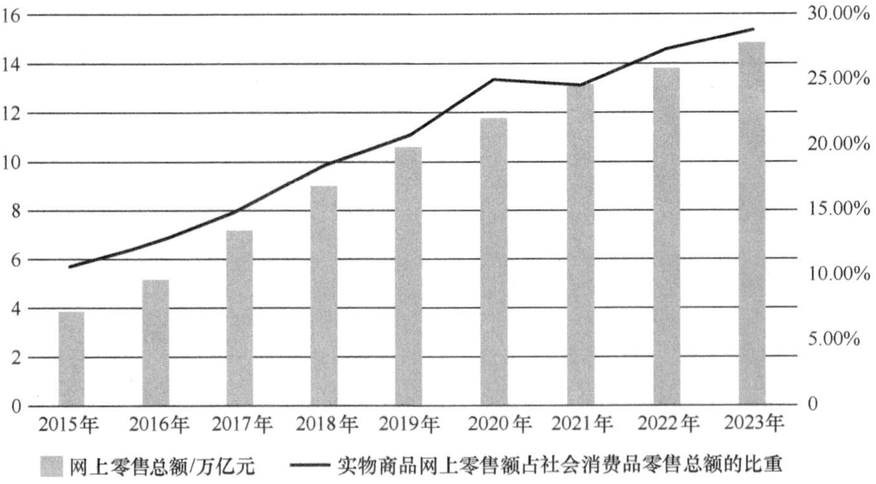

数据来源：国家统计局

图 5-1　2015—2023 年网上零售总额及实物商品网上零售额在社会消费品零售总额中的占比

2021 年，我国网上零售总额首次突破 13 万亿元。国家统计局数据显示，2021 年我国网上零售总额为 13.09 万亿元。其中，实物商品网上零售总额高达 10.8042 万亿元，同比增长 12%，在社会消费品零售总额中占比 24.5%。“吃类”商品增长 17.8%，“用类”商品增长 12.5%，“穿类”商品增长 8.3%。

2022 年，我国网上零售市场持续稳步增长。国家统计局数据显示，2022 年我国网上零售总额为 13.79 万亿元。其中，实物商品网上零售额为 11.96 万亿元，在社会消费品零售总额中占比 27.2%。商务大数据对重点电子商务平台监测显示，2022 年全国网上零售市场部分商品品类销售实现两位数增长。跨境电商发展迅速，海关数据显示，2022 年我国跨境电商进出口（含 B2B[1]）2.11 万亿元，同比增长 9.8%。其中，出口 1.55 万亿元，同比增长 11.7%，进口 0.56 万亿元，同比增长 4.9%。

2023 年，我国网上零售总额再创新高。国家统计局数据显示，2023 年我国网上零售总额 15.42 万亿元，我国连续 11 年成为全球最大的网上零售市场之一。其中，实物商品网上零售额为 13 万亿元，在社会消费品零售总额中占比 27.6%；在实物商品中，“吃类”“穿类”“用类”商品网上零售额分别增长 11.2%、10.8%、7.1%。

根据中华全国商业信息中心的统计数据，2022 年中国商业零售百强企业（以下简称“百强企业”）的销售规模为 3.3 万亿元，同比下降 4.2%（按可比口径计算），与社会消费品零售总额增速相比，“百强企业”销售规模增速低于社会消费品零售总额增速 4.0%。在“百强企业”中，线上零售模式或线上 + 线下渠道相融合的零售模式成为主流。从销售规模来看，销售规模超过 1000 亿元的企业有 5 家，销售规模同比下降 4.2%。销售规模超过 500 亿元（不超过 1000 亿元）的企业有 8 家，销售规模同比下降 2.6%。销售规模从 100 亿元

1 B2B（Business to Business，企业对企业电子商务）。

到500亿元的企业有39家，销售规模同比下降3.9%。销售规模100亿元以下的企业有48家，销售规模同比下降8.2%。从集中度来看，前三家企业的销售规模约为1.3万亿元，占“百强企业”总销售规模的比重为39.51%。前十家企业的销售规模约为1.9万亿元，占“百强企业”总销售规模的比重为58.96%。前二十家企业的销售规模约为2.4万亿元，占“百强企业”总销售规模的比重为72.23%。京东2022年销售规模排名第一，约8.65万亿元，占“百强企业”整体销售规模的比重为26.56%。2022年度中国商业零售“百强企业”前二十见表5-1。

表5-1　2022年度中国商业零售“百强企业”前二十

排名	企业名称	2022年销售规模/万元	占“百强企业”总销售规模的比重
1	北京京东世纪贸易有限公司	86506200	26.56%
2	大商集团有限公司	31031992	9.53%
3	苏宁易购集团股份有限公司	11130000	3.42%
4	沃尔玛（中国）投资有限公司	10931033	3.36%
5	居然之家新零售集团股份有限公司	10541828	3.24%
6	永辉超市股份有限公司	9798667	3.01%
7	广州唯品会信息科技有限公司	9725008	2.99%
8	高鑫零售有限公司	8366200	2.57%
9	物美科技集团有限公司	6991818	2.15%
10	华润万家（控股）有限公司	6923500	2.13%
11	上海盒马网络科技有限公司（盒马鲜生）	6100000	1.87%
12	合肥百货大楼集团股份有限公司	5830511	1.79%
13	联华超市股份有限公司	5747902	1.76%
14	王府井集团股份有限公司	4440193	1.36%
15	上海豫园旅游商城（集团）股份有限公司	3975601	1.22%

续表

排名	企业名称	2022年销售规模/万元	占“百强企业”总销售规模的比重
16	美宜佳控股有限公司	3918374	1.20%
17	广州岭南商旅投资集团有限公司	3382620	1.04%
18	天虹数科商业股份有限公司	3351200	1.03%
19	家家悦控股集团股份有限公司	3312708	1.02%
20	长春欧亚集团股份有限公司	3196503	0.98%

数据来源：中华全国商业信息中心

2023 年，随着国家稳经济、促消费政策措施不断推进落实，消费品市场复苏趋势明显。中华全国商业信息中心的监测数据显示，2023 年 1 ～ 2 月，全国 50 家重点大型零售企业（以百货业态为主）零售额同比下降 0.2%，降幅相比 2022 年同期收窄了 1.3%，相比 2022 年 12 月大幅收窄了 35.3%，扭转了自 2022 年 8 月以来降幅不断扩大的态势。2023 年前三季度，我国消费品市场持续恢复，社会消费品零售总额同比增长 6.8%。值得注意的是，2023 年 8 ～ 9 月，市场销售增速持续加快，进一步巩固了消费市场的恢复趋势。为了激发消费新活力，各地采取了多项措施，打造了多种新型消费场景。例如，四川省打造 40 个消费新场景，2023 年前三季度累计吸引了 2.7 亿人次的消费者，人均文化娱乐消费同比增长 23.9%。这些新场景融合了旅游、商贸、文体等多种业态，成为拉动消费增长的强大引擎。

（二）发展历程

结合产业生命周期理论，综合考虑电子商务交易额、参与行业数量、区域梯度发展、网络购物用户规模、网上零售交易额，以及实物商品网上零售额在社会消费品零售总额中所占比例等因素，可以把我国电子商务 30 多年的发展历程分为萌芽引入阶段、波动培育阶段、激烈竞争阶段、稳定发展阶段 4 个阶段。在萌芽引入阶段，人们对电子商务知之甚少；在波动培育阶段，无论是企业和个人，都积极参与电子商务，电子商务发展历程中最受社会瞩目的阶段当属激烈竞争阶段；稳定发展阶段标志着我国电子商务发展进入大众化时期。

1. 萌芽引入阶段（1991—1999 年）

最早的电子商务为 EDI[1] 电子商务。互联网电子商务起步于 B2B，1997 年，我国最早的两个电子商务平台——中国商品交易中心和中国化工网分别上线，两个平台都从事 B2B 业务。早期的电子商务零售平台典型代表有 8848、携程网、易趣网、当当网。1999 年 9 月，招商银行在国内全面启动“一网通”网上银行服务，成为国内率先实现全国联通“网上银行”的商业银行。

这个阶段开始引入电子商务这一全新概念，但真正的互联网应用市场还未成形，电子商务环境远未成熟。网上零售刚刚起步，对大多数人来说，还没有体验到网络购物的便捷和乐趣。而在企业电子商务方面，基本停留在概念阶段，甚至简单地认为电子商务就是无纸化办公。

2. 波动培育阶段（2000—2009 年）

2000 年互联网泡沫破灭，我国电子商务也进入寒冬期。2003 年 5 月，在中国电子商务发展史上比较重要的网上零售平台淘宝网诞生了。易趣网与淘宝网之争是电子商务发展史中第一次激烈的同业竞争，淘宝网的免费策略是重大创新，后来免费策略被列入互联网思维之一，并由免费策略进一步发展为商家补贴。C2C[2] 成为当时我国网络购物市场（包括 B2C 和 C2C）的主流商业模式。

在波动培育阶段，经过互联网泡沫和金融危机的洗礼，2008 年，我国成

1　EDI（Electronic Data Interchange，电子数据交换）。

2　C2C（Customer to Customer，顾客对顾客电子商务）。

为全球网民最多的国家，电子商务交易额突破3万亿元，2009年网络购物人数突破1亿，我国网络市场规模激增和全民创新创业热情高涨。

3. 激烈竞争阶段（2010—2014年）

在政策利好、技术进步、市场需求和社会化投资等多重因素的驱动下，2010—2014年电子商务交易额继续高速增长，网络购物市场依然火爆，实物商品网上零售额占社会消费品零售总额的比例大幅提升。每年的11月11日成为人们期待的网络购物节，苏宁易购、京东、国美等电子商务头部企业发起了“史上最大规模”的电子商务价格战。

在这个阶段，我国电子商务经历了迄今为止竞争最为激烈的时期，竞争范围之广、参与企业之多、投入资本之大、影响之深远在我国商业史上都是罕见的，很多竞争案例堪称经典。从某种意义上讲，激烈的市场竞争成就了我国电子商务的快速发展，2014年年底，我国电子商务已经全面超越欧盟、日本等经济体，在部分领域可以比肩美国。

4. 稳定发展阶段（2015年至今）

进入2015年，资本推动下的“倾力搏杀”渐行渐远，“握手言和”成为这一年的主旋律，2015年被称为“合并年”，一系列合并事件标志着我国电子商务发展进入一个崭新的阶段，即相对稳定的发展阶段。

与2010—2014年相比，2015—2017年，我国网络购物人数、电子商务交易总额、网上零售交易额的规模明显增大，但增长速度放缓。同时，这一阶段电子商务头部企业纷纷“出海”（跨境电商）“下乡”（农村电商），说明传统的电子商务市场已经由蓝海逐渐变为红海，这也在一定程度上表明我国电子商务的发展进入了相对稳定的发展阶段。

（三）头部企业专栏

淘宝网：全球领先的电子商务交易平台

淘宝网是我国影响力较大的网络购物零售平台，阿里巴巴集团2023财年年报显示，阿里巴巴集团已成功服务10亿名中国消费者，超过1.24亿年度活跃消费者在淘宝天猫人均消费超过10000元。

2003年5月，淘宝网成立，由阿里巴巴集团投资创办。2003年10月推出第三方支付工具“支付宝”，以“担保交易模式”使消费者对淘宝网上的交易产生信任。2003年全年，淘宝网成交总额达到3400万元。

2005年，淘宝网超越易趣网，并且逐渐把竞争对手们抛在身后。2005年5月，淘宝网超越日本雅虎，成为亚洲最大的网络购物零售平台。2005年，淘宝网的成交总额破80亿元，超越沃尔玛。

淘宝网的崛起得益于其提供免费入驻和担保交易服务，为了吸引消费者并构建信任，淘宝网执行了“免费、信任、底层”的发展策略，同时建立了评价和纠纷解决机制，让当时采用收费入驻模式的其他对手都无法与之竞争。

2007年，淘宝网是亚洲最大的网上零售商。这一年，淘宝网成交总额突破400亿元，成为中国第二大综合卖场。

2011年6月，阿里巴巴集团旗下的淘宝公司分拆为3家独立的公司，即沿袭原C2C业务的淘宝网、平台型B2C电子商务服务商淘宝商城和“一站式”购物搜索引擎一淘网。在新的架构中，淘宝公司拆分后的3家公司采用“总裁+董事长”机制运营。

2012年1月，淘宝商城正式宣布更名为“天猫”。2013年，阿里巴巴集团调整为25个事业部，阿里巴巴集团通过其全资子公司阿里巴巴（中国）有限公司以5.86亿美元购入新浪微博公司发行的优先股和普通股，大约占新浪微博公司全稀释摊薄后总股份的18%，将淘宝电商和社交网络服务（Social Network Service，SNS）的结合进行到底。

2018年，淘宝与微软HoloLens合作，通过混合现实技术实现超现实的未来购物体验。在2018年9月的淘宝造物节上，淘宝在西湖边搭建了一座300平方米“未来购物街区”，消费者可以身临其境，亲身感受由“机器算法”叠加的“真实世界”。

2023年，基于通义大模型开发的“淘宝问问”服务全面上线，“淘宝问问”是淘宝App在原搜索功能上对电子商务搜索导购方式进行迭代的创新尝试，旨在通过深度合成算法结合用户输入，为用户提供更加符合消费习惯的商品。

随着淘宝网规模的扩大和用户数量的增加，淘宝网也从单一的C2C网络集市变成包括C2C、分销、拍卖、直供、众筹、定制等多种电子商务模式在内的综合性零售商圈，成为全球领先的电子商务交易平台之一。

京东：自营式电子商务企业

京东是我国电子商务领域受消费者欢迎和具有影响力的电子商务网络平台之一。京东已在华北、华东、华南、西南、华中、东北建成物流中心，同时在我国超过360座城市建立核心城市配送站。2021年京东全年净收入达到9516亿元，旗下设有京东商城、京东金融、拍拍网、京东智能等。京东商城的崛起，对提升我国电子商务行业的整体服务品质功不可没。

1998年，京东成立。

2001年6月，京东成为光磁产品领域极具影响力的代理商，销售量及影响力在行业内首屈一指。

2007年，京东多媒体网正式更名为京东商城，以全新的面貌屹立于国内B2C市场。2007年7月，京东建成北京、上海、广州三大物流体系，总物流面积超过5万平方米，并赢得了国际知名风险投资基金“今日资本”的青睐，首批融资千万美元，在北京、上海、广州3地启用移动POS[1]上门刷卡服务。

2008年，京东商城涉足平板电视的销售行列，将空调、冰箱、电视机等大型家电产品线逐一扩充完毕。这标志着京东在成立10周年之际完成了3C产品的全线搭建，成为名副其实的3C网络购物平台。

2010年6月，京东商城开通全国上门取件服务，解决网络购物的售后之忧，8月在北京市正式推出家电以旧换新业务，京东商城成为首批入围家电以旧换新销售和回收双中标的电子商务企业。2010年11月，图书产品在京东商城上架销售，实现从3C网上零售商向综合型网上零售商转型。

品控和物流体验的提升让京东迅速成长为国内能与阿里巴巴集团“抗衡”的另一个电子商务头部企业。很长一段时期内，阿里巴巴集团与京东的竞争呈螺旋交替上升。2011年1月，马云在北京宣布阿里巴巴集团将领衔集资千亿元人民币为电子商务配套现代物流体系，以推动社会化物流平台（菜鸟网络前身）的建设。2011年2月，京东商城上线包裹跟踪系统，方便用户实时了解追踪自己的包裹配送进度。

2014年5月22日，京东在美国纳斯达克挂牌上市，成为当时中国最大的赴美首次公开发行（Initial Public Offering，IPO）。京东成为仅次于腾讯、百度的中国第三大互联网上市公司。

2016年，深度布局线下的京东已经建立了超过160家京东之家和京东专卖店、近200家京东母婴体验店、超过1700家京东帮服务店、超过5000家京东家电专卖店。

2021年，京东全年净收入达到9516亿元人民币，同比增长27.6%。2021

1 POS（Point of Sale，电子付款机）。

年，京东的全渠道商品交易总额同比增长接近80%，京东零售全渠道业务已取得阶段性成果。2022年，京东的跨境网络总仓储面积同比增长超70%，已经在全球运营了90个保税仓库、直邮仓库和海外仓库。截至2023年，京东在美国、德国、荷兰、法国、英国、波兰、阿联酋、澳大利亚等地部署了自营仓网，主要为本地、跨境，以及中国出境的品牌及商家提供端到端解决方案。

拼多多：拼团模式的崛起之路

2018年7月26日，成立于2015年9月的拼多多在美国纳斯达克证券市场挂牌交易。从成立到上市，拼多多用了不到3年的时间。而同为电子商务头部企业，成立于1998年的京东的上市之路走了16年之久；从淘宝网上线到2014年阿里巴巴集团上市也历时11年。

拼多多成立的时间正是电子商务平台竞争激烈且互联网流量日趋枯竭的时间。随着电子商务的高速发展，平台规模越来越大，导致了商家的获客成本越来越高。当线上流量红利减少，获客成本高于线下门店的获客成本时，线上电子商务的发展就遇到了瓶颈，开始从线上向线下延伸，实现了线上门店和线下实体店共享电子商务信息基础设施的优势。

在这样一种发展背景下，拼多多却另辟蹊径地成长为一家市值过千亿美元的上市企业，成长为国内电子商务头部企业之一，创造了国内电子商务企业上市最短的时间纪录。这与其通过微信分享“拼单”建立强关联的电子商务场景是分不开的。

早期，拼多多独辟蹊径，依托微信这一强大的社交平台，利用分享拼团的模式，发挥社交的传播属性，形成拼多多独特的社交电子商务理念。拼多多充分利用了微信等聚集的巨大社交流量池红利，让用户通过主动的微信分享使具有相同需求的人聚集，利用熟人带货形式找到自己流量的突破点。从拼多多的招股书计算可以看出，低获客成本和熟人关系带来的高销售转化率成就了拼多多。

当积累到一定的流量后，拼多多又注意到没有被重视的C2C电子商务和下沉市场。而此时，三线及以下城市互联网的普及性和社交物流的成熟度也为其发展提供了助推力。拼多多加大渠道建设和品牌投入，开始“类淘宝”，群功能也从传统的“关系圈分销”向陌生群转变。拼多多在发展过程中开始大力改革，仅在2018年9月主动关闭5500家违规店铺，下架770多万件问题商品，并推出扶持代工厂的“新品牌计划”，从数据、研发、流量等多个维度支持“中国工厂”，最终实现“低价优质”的目标。

2019年6月，拼多多推出了“百亿补贴”计划，针对中高端消费偏好、高知名度品牌与明星爆款商品给予终端价格高额补贴，以此吸引一、二线城市消费者；不同于淘宝网、京东的购物节，拼多多“百亿补贴”将低价常态化；补贴商品包括数码产品、美妆产品、服饰鞋包、生鲜食品、办公用品等。拼多多“百亿补贴”推出后，效果立竿见影，极大地提升了平台形象，获得消费者信任。2021年3月，拼多多“百亿补贴”开始向商家抽佣，比例为1% ~ 3%，同时拼多多向入驻商家收取广告费，佣金抽成与广告费收入构成营业收入，拼多多再以补贴的模式让利于消费者，提高成交额从而增加商户对拼多多的依赖。

拼多多的出现，激活了新社交电子商务市场的潜能，其内在商业逻辑符合互联网向移动互联网和社交互联网发展的趋势，收获了社交互联网红利，不断攀升的市场占有率也证明了其在硝烟弥漫的电子商务大战中占据一席之地。对于迅速成长所引发的问题，拼多多也正在通过不断优化管理措施进行完善，而从它的崛起之路可以看出，一家企业要想长远发展，把关好质量是关键。拼多多的成功经验可以归纳为3个方面：一是抓住下沉市场的机遇，满足各类人群的消费需求；二是打造新型供应链模式，实现供需匹配和价格优势；三是实施创新驱动发展战略，不断进行产品创新、技术创新和营销创新。

在线旅游打造便利出行

（一）总体情况

在线旅游是随着互联网发展而诞生的一种新型旅游商业模式，是指旅游消费者通过网络向旅游服务提供商预订旅游产品或服务、获取旅游信息，并通过移动支付获得旅游资源的一种商业模式。将旅游资源整合制作成产品或服务，并在互联网上进行销售的在线旅游平台是在线旅游产业的核心。中国互联网络信息中心（CNNIC）的数据显示，截至 2023 年 12 月，我国在线旅游预订用户规模达 5.09 亿人，比 2022 年 12 月增加 8629 万人，占整体网民的 46.6%。中国在线旅游预订用户规模变化情况如图 5–2 所示。

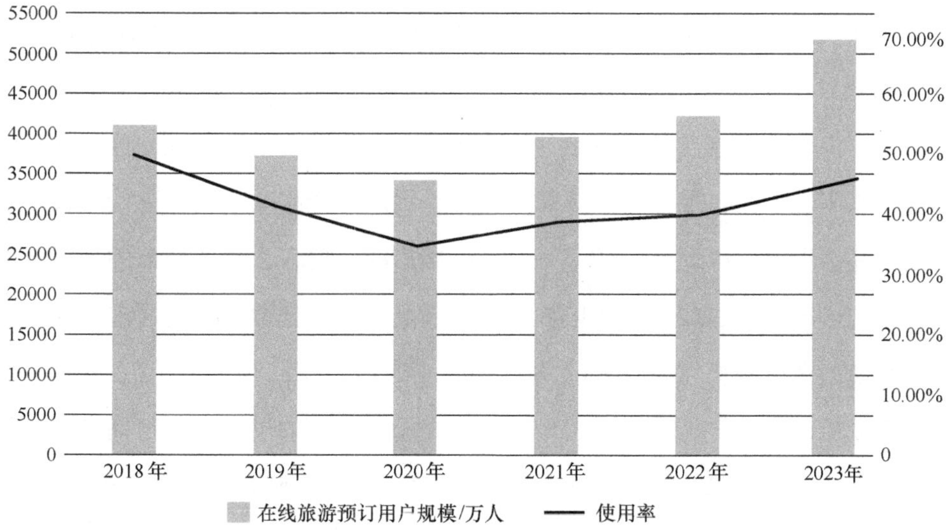

数据来源：CNNIC

图 5–2　中国在线旅游预订用户规模变化情况

中国在线旅游行业包括在线票务预订、在线住宿预订、在线度假产品预订三大类。

在线票务预订包括在线机票、在线火车票、在线汽车票和在线船票预订。上海艾瑞市场咨询有限公司的数据显示，2021 年在线票务预订的市场规模为 9793.7 亿元，其中机票的市场占比为 53%，火车票的市场占比为 43%，汽车票的市场占比为 3.8%，船票的市场占比为 0.2%。在线机票预订市场趋于成熟，整个在线出行市场在未来较长一段时间内仍将保持最大的市场份额。火车票的在线化率也比较高，这得益于 12306 等平台的建设，越来越多的消费者愿意在移动互联网端预订火车票。

在线住宿预订主要包括在线酒店预订和在线民宿预订。上海艾瑞市场咨询有限公司的数据显示，2021 年在线住宿的市场规模为 2303.3 亿元。在线酒店主要由酒店集团和单体酒店两个部分组成。酒店集团对在线旅游平台的依赖性较低，因为其自身的直营网站也能吸引一部分流量，而单体酒店对在线旅游平台的依赖度较高。例如，在线民宿的性价比较高，个性化体验感强。

在线度假产品预订主要由在线出境游和在线国内游组成。2021 年在线度假产品预订的市场规模为 1210.1 亿元。2022 年 12 月 15 日，文化和旅游部下发通知，优化跨省旅游管理策略，不断推动国内旅游市场的发展，这给在线国内游带来了巨大的发展潜力。然而，由于在线旅游产品的平均客单价相较于一般的商品会更高，因此，相较于一、二线城市的消费者，其他城市的大部分消费者更加倾向于通过线下的实体旅行社来满足自己对旅游产品的需求，我国的在线旅游行业未来仍然有较大的发展空间。

在线旅游产业链涉及众多领域。上游是旅游资源的供应商，包括交通、住宿、旅游项目、服务支持等资源，涉及航空、高铁、客运、酒店、租车公司、娱乐设施、保险签证等企业。中游是旅游产品整合及分销的线上 + 线下平台，按照模式可以分为线下分销和线上产品整合及分销；线上产品整合及分销模式根据客户群体和平台模式进行划分，又可以分为 B2B 平台、OTA[1] 类 B2C 平台和非 OTA 类 B2C 平台。下游则主要是各类营销平台，包括个人原创的用户生成内容（User Generated Content，UGC）平台、社交网络、搜索引擎、视频网站、移动应用等。此外，对在线旅游提供支持服务的产业也可以算作产业链的一部分，例如移动支付、旅游金融、到达服务、出行信息提供等。

2023 年，在线旅游业正在经历一轮强复苏。携程财报显示，2023 年第四季度，携程国内外业务继续呈现强劲复苏态势，国内酒店预订量同比增长超过 130%。出境酒店和机票预订均恢复到 2019 年同期的 80% 以上，而同期国际航空客运量恢复了 60%。携程全球 OTA 平台的总预订量同比增长超过 70%。2023 年第四季度，携程营收 103 亿元，同比增长 105%，净利润 13 亿元。

进入 2024 年，旅游行业火热态势仍在持续，尤其是春节假期（2024 年 2 月 10 日～2 月 17 日）。中国旅游研究院的数据显示，2024 年春节假期国内出游旅客达 4.74 亿人次，同比增长 34.3%，按可比口径较 2019 年同期增长 19.0%；国内旅客出游总花费达 6326.87 亿元，同比增长 47.3%，按可比口径较 2019 年同期增长 7.7%，超出了春节前预期。

种种迹象表明，我国整个旅游行业将迎来前所未有的窗口期。另外，对于旅游企业来说，数字化转型升级迫在眉睫，加强线上平台与线下产品联动，在出游前做到数字化触达、出游中提供多元化产品服务与供应、提高景区智能化水平等将是旅游业转型升级的关键。与此同时，旅游群体的年轻化、旅游消费的本地化、旅游体验的数字化等趋势逐渐显现，整体资源产品打包能力、供应链优势资源掌控能力和内容营销能力也将成为传统 OTA 和内容平台未来竞争的关键点。

1　OTA（Online Travel Agency，在线旅行社）。

（二）发展历程

我国在线旅游市场的发展周期分为 4 个阶段，即探索期、启动期、高速发展期和应用成熟期。目前我国在线旅游市场处于应用成熟期。

1. 探索期（1999—2003 年）

20 世纪 90 年代，我国旅游产业步入信息化进程，一批传统旅行社开始探索在线销售旅游产品。在这一发展阶段，在线旅游主要是为旅游者提供旅游资讯、机票预订和酒店预订业务，酒店预订代理是传统旅行社的主要线上收入来源之一。

2. 启动期（2004—2006 年）

2004 年，在线旅游市场进一步复苏，由于技术发展，旅游产品在线代理进入标准化阶段，在线机票销售平台已较为成熟，机票代理发展迅速，成为在线旅游企业主要的收入来源。同程、去哪儿、酷讯等在线旅游网站相继诞生，在线旅游市场形成包含机票、酒店、景区门票等在线预订 OTA 业务和平台类业务共存的多元化业务结构。

3. 高速发展期（2007—2017 年）

2007—2017 年，在线旅游市场处于高速发展期。大量资本涌入在线旅游市场，推动细分市场创新和行业整合。机票头部服务公司格局通过市场竞争、股权转换基本形成，在线旅游市场的竞争热点集中表现为在非标准产品市场（在线度假市场）的竞争。头部在线旅游企业通过融合线上 + 线下资源不断提高市场份额和整体产业渗透率。携程、途牛、同程等都在致力于整合线下产业链资源，通过收购传统旅行社、建立线下服务中心，增强对线下资源的掌控力。阿里巴巴、百度等通过自营或投资在线旅游企业深度参与在线旅游产业；垂直领域企业成长迅速，非标准住宿领域的途家网在 2016 年收购蚂蚁短租并整合携程及去哪儿的民宿业务，不断增强自身在非标准住宿领域的影响力。

4. 应用成熟期（2017 年至今）

在线旅游市场整合完毕后，行业服务纵深化，品牌成为核心竞争力，行业格局已经稳定。

近几年，政府及相关部门出台了一系列政策与措施激励在线旅游行业的发展。自 2020 年 10 月 1 日起，《在线旅游经营服务管理暂行规定》开始施行，为保障旅游者合法权益、规范在线旅游市场秩序、促进在线旅游行业可持续发展提供了依据。2021 年 12 月 22 日，国务院印发了《“十四五”旅游业发展规划》，提出要创新驱动，深化“互联网 + 旅游”，从而推动智慧旅游的发展，这为在线旅游行业的发展带来了新机遇。2023 年 3 月 24 日，《文化和旅游部关于推动在线旅游市场高质量发展的意见》发布，提出深化在线旅游行业数字化、网络化、智能化发展，推动新技术应用，鼓励行业创新，充分发挥在线旅游企业数据和信息能力优势，提升行业数字化水平，为旅游者提供智慧化服务。

随着我国经济的发展和人民生活水平的不断提高，人们在旅游方面的消费能力和消费意愿也在不断攀升，而在线旅游产业作为整个旅游产业链中的关键一环，是移动互联网时代下满足人们出游需求、不断促进旅游消费、进一步带动旅游产业深层次发展的重要力量。在实践中，我国在线旅游行业出现了以下 3 个趋势。

一是年轻化。随着智能手机的普及和网络降费增速措施的实施，在线旅游人群逐渐年轻化。整个在线旅游行业都面临如何把握市场变化和迎合市场年轻化的需求，例如，产品呈现方式的更新、服务方式的改变等。

二是内容化。随着旅游出行人群逐渐年轻化，在线旅游用户的行为习惯也不断发生变化。年轻人习惯于动态的内容传播方式，例如，直播带货、短视频分享等。小红书、抖音等成为年轻人获取旅游资讯的新平台，因而传统的在线旅游平台需要转变内容传播方式和提升内容质量，尤其要发挥社交、点评和攻略等旅游媒体的作用，以吸引更多的消费者。

三是数字化。随着人工智能、5G、物联网等技术的落地应用，在线旅游行业也迎来了数字化转型发展的重要阶段。一方面，从行业的内部管理来看，数字化转型有利于提升旅游行业内部企业的管理效率；另一方面，从用户体验的角度来看，在线旅游行业数字化转型也有利于提升人们的旅游意愿，提升出行体验的满意度。

（三）头部企业专栏

携程：中国领先的在线旅游业公司

携程是一个在线票务服务公司，创立于1999年，总部设在上海。携程在创办之初拥有强大的创始人团队，在资本运作、战略方向及运营管理三大领域具备优势，并且在融资能力、规模效应和产品领域构建起宽广的“护城河”。携程凭借强大的资本运作能力，成为国内市场份额最大的在线旅游企业。

2000年3月，携程成功收购商之行，随后又以6000万美元的估值，以股票加现金的方式收购了现代运通。现代运通是当时全国最大的酒店分销商，提供全国100多个城市的700多个星级酒店的预订服务，最繁忙的时候有2万多人通过现代运通进行酒店订房服务。2002年3月，携程成功收购北京海岸航空服务公司。

2003年12月9日，携程在美国纳斯达克成功上市，成为中国在美国上市的第7家互联网公司。2014年，携程连续投资途风网、同程网、途牛旅游网、晶赞科技等公司，快速扩张商业版图。2015年，携程与百度达成股权置换交易，收购了去哪儿网。2019年，携程又收购了途牛旅游网。

2023年，携程住宿预订营业收入为173亿元，同比增长133%；交通票务营业收入为184亿元，同比增长123%；旅游度假业务营业收入为31亿元，同比增长 294%。携程全年营业收入 445 亿元，同比增长 122%，净利润 100 亿元，同比增长 614%。携程已经成为我国最大的在线旅游平台之一，致力于传承中国旅行文化，推动创造品质生活，改善民众消费水平，为广大消费者提供更多的优质服务。

抖音：一个新兴的在线旅游平台

短视频平台凭借轻松浏览、体验性强的特点快速兴起。近年来，抖音利用自己的流量入口，打造了诸多爆款旅游点，平台内强大的关键意见领袖（Key Opinion Leader，KOL）资源为其带来了流量聚集和转化的优势。抖音通过打造旅游 IP 和制作微综艺等形式吸引用户，加速平台内文旅布局，构建旅游消费生态闭环。

2018 年，抖音作为引流窗口初步涉足酒旅行业，与美团、携程等第三方企业合作，通过嵌入抖音的预订小程序实现交易闭环。2019 年起，抖音尝试对接酒旅商家，而非只为第三方企业引流，在酒旅商家主页当中上线“预订”功能，完成入局的第一步。2022 年，抖音开始内测“山竹旅行”小程序，直接对标携程、飞猪等综合型在线旅游平台，在提供商品推荐、商品购买服务的同时，也提供吃喝住宿各类榜单，为消费者的旅行选择提供参考。抖音发布的《2022 国庆旅游数据报告》显示，旅游类内容播放量已经超过 1.1 万亿，获赞达 402 亿。

《2023 抖音旅游行业白皮书》显示，截至 2023 年 3 月底，景点、酒店、航空公司、旅行社等各类旅游企业账号数量在抖音上平均增长 20%，其中以酒店住宿、商旅票务、旅游景点的增长最为明显，分别为 61.5%、46.0%、35.5%。同时，与 2022 年第一季度相比，有关旅游的内容分享量增长了 62%。2023 年第一季度，抖音上的“文化教育”和“旅行”相关内容发布人数分别在全行业占比排名领先，而旅游兴趣用户比 2022 年同期增长了 13%。

虽然以抖音、快手为首的内容平台占据流量优势，但是存在供应链短板。未来，此类内容平台布局旅游赛道的关键是用户，应强化内容营销，加强用户黏性，通过高质量内容吸引商家入驻、用户消费。在此基础上，内容平台应不断拓展合作方以及酒店资源，增加自己的服务品类和内容，全方位提高自身竞争力。

随着新玩家蜂拥入场，老玩家筑墙防守，在线旅游行业的竞争逻辑逐渐走向“内容化”竞争。新兴 OTA 平台开始学习传统 OTA 平台的货架经营模式，而传统 OTA 平台也开始学习新兴 OTA 平台的内容经营模式。抖音等平台在内容上具有差异化优势，使其竞争力更突出。以直播内容为例，2022 年 1 ~ 3 月，95% 文旅相关的成交额通过直播完成。由此可见，内容属性更强烈、用户黏性更大、用户转化率更高的新兴 OTA 平台，已经成为消费者进行在线旅游预订的重要渠道。

目前，国内旅游市场呈现蓬勃增长的态势，消费市场的蓬勃活力和巨大潜力正在持续释放，拥有着极其广阔的发展空间。在众多企业入局之际，旅游行业将呈现越来越激烈的竞争格局。

在线教育走向精耕细作

（一）总体情况

在线教育是运用互联网、人工智能等信息技术进行教与学互动的新型教育形态，它打破了时间和空间的限制，可以满足学生随时随地完成学习活动的需求，创新了教育的组织模式、教学模式、服务模式，构建了数字时代的新型教育生态系统。近年来，在线教育被视为促进教育变革与创新发展的重要途径，在创新教育服务业态、改革优质教育资源供给方式、重塑教育组织形态、重构教育教学流程、构建终身学习体系和学习型社会等方面被寄予了时代期望。

2020年，全国2.82亿名在校生阶段性转为线上学习，教育信息化进程明显提速，在线教育用户规模创历史新高，在线教育行业迎来高速发展期。中国互联网络信息中心数据显示，截至2020年6月，我国在线教育用户规模达3.81亿人，同比增长63.7%，用户规模增速位居互联网细分领域前列；在线教育用户人数在总体网民中占比达40.5%。在线教育市场规模也增长迅猛，网络数据显示，2022年中国数字教育市场规模达3620亿元，同比增长12.42%。2023年上半年，中国数字教育市场规模达到1786.8亿元。

公立学校的在线教育主要以直播教学的形式出现。直播教学作为在线同步教学的一种方式，是利用互联网对传统课堂教学的一种延续或补充。在线教育的发展，突破了教学双方时空分离的限制，通过教学活动实现教与学的再度整合、优质资源的开放共享和学习过程中数据的智能分析与干预，具备发挥“人工智能+教育”技术优势的条件。

目前，在线教育企业主要业务占比最大的是高等教育市场，一般指网络学历教育市场，即教育部批准的可以开展网络教育的68所高校的网络教育学院的招生市场，但占比在逐年下降。其次是职业在线教育，发展较为平稳。

在线教育民营企业的发展本身就携带着互联网的深厚“基因”，其基本复制了互联网企业的商业运作模式，即通过免费、补贴或者降价等方式先圈占用户，形成用户黏性之后再推出有偿付费模式，同时衍生出广告收益渠道。

2022年3月，国家智慧教育公共服务平台正式上线。这一平台不仅包括了高等教育课程资源、大学生就业服务等内容，还连接了国家中小学智慧教育平台和国家职业教育智慧教育平台，充分利用在线教育技术手段打造数字化教育公共服务体系，满足师生和社会的需求。开放大学作为国内开展在线教育的典型机构，以灵活的学习方式、丰富的学习资源吸引了众多学习者。一是普通高校、互联网企业“抢滩”在线教育，形成激烈的竞争；二是社会对开放大学教育质量的认可度不高，存在一定的声誉危机；三是师资队伍薄弱、缺乏学科支撑、专业设置跟不上时代发展、治理体系和治理能力不适应发展等。

（二）发展历程

在线教育在中国的发展大致经历了 4 个阶段：诞生初期、模式探索、行业爆发、初步成熟。

1. 诞生初期（20 世纪 90 年代末—2005 年）

这一阶段是在线教育的萌芽期，20 世纪 90 年代互联网进入我国，在线教育产品也随之诞生。当时由于互联网宽带速率低、民众普及率低，在线教育发展十分缓慢。在线教育主要以视频课件、电子书籍、电子邮件等形式进行传播，主要面向高校和成人教育市场。2000 年“三分屏”形式的网络视频课件出现，在线教育进入多媒体阶段。教育部批准了 68 所高校作为全国现代远程教育试点院校，准许开设网络教育学院和颁发网络教育文凭，其总体规模占据了当时中国在线教育 90% 以上的市场总量。同年，新东方网校上线运行，标志着传统培训学校开始进入在线教育市场。之后，由于没有找到适合的盈利模式，在线教育进入徘徊期。

2. 模式探索（2006—2012 年）

这一阶段是在线教育的探索期，随着网络宽带的提升，教育行业内的各家行业领先机构相继成立。这些机构都陆续推出以视频课件形式为主的在线教育模式。同时，随着互联网和电子移动设备的进一步普及，越来越多的新兴科技也融入了在线教育行业，直播在线教育模式出现，并深入素质教育、职业培训等各个领域。2012 年，慕课（MOOC，大规模开放在线课程）在全球范围兴起，带来了一股投资热潮。美国三大 MOOC 平台的大规模融资冲击了人们的心理预期，国内在线教育迎来了新一轮发展。在线教育作为互联网产业的一个细分行业，开始受到互联网企业（腾讯、网易、百度、新浪）的重视，众多新兴互联网教育企业进入市场。但随着慕课热潮逐渐降温，在线教育行业的发展开始回归理性。

3. 行业爆发（2013—2017 年）

这一阶段是在线教育的爆发期，我国的在线教育市场十分火热，大家对这种教育模式持肯定态度，在线教育在这段时间内一直处于良好的成长发展期。同时，直播、短视频等新型传播形式的出现，推动在线教育产业积极发展。人工智能等新技术也给在线教育产品带来了更多趣味性和可能性。

4. 初步成熟（2018 年至今）

这一阶段是在线教育的成熟期，2019 年年底，在线教育使用群体从过去以高等教育为主走向全员普及。同时，在线教育也开始规范化、标准化、品牌化、专业化，提高了教学质量和效果，赢得了用户的信任和认可。教育部数据显示，截至 2022 年 5 月，全国共有 1454 所高校开展在线教育，103 万教师在线开展 107 万门课程，参加在线学习的学生 1775 万人，合计 23 亿人次。截至 2024 年 1 月，我国慕课已上线超过 7.68 万门课程，注册用户达 4.54 亿人，服务国内 12.77 亿人次学习，形成慕课与在线教育发展的中国范式。

（三）案例专栏

“慕课西部行计划”：推动高等教育的均衡发展

“慕课西部行计划”是教育部高等教育司为推动教育资源共享、支持中西部地区高等教育发展而推出的一项公益性教育行动。自 2013 年起，教育部全面指导推进“慕课西部行计划”，通过组织慕课供给、师资培训、教学平台服务，精准对接中西部高校教与学的需求，将慕课等优质教学资源送至中西部地区高校，很大程度上提升了中西部高校教育教学质量和人才培养质量。该计划实施以来，东西部高校运用数字技术手段，搭建更多的应用场景，为对口教育帮扶铺设了“快速路”，按下了“加速键”，有力推动了中西部高校的教育数字化转型和高质量发展，在解决教育资源不平衡不充分的问题上发挥了重要作用。

2021 年，教育部将“慕课西部行计划”从 1.0 升级到 2.0，主要区别有以下 3 点。

一是拓围。慕课西部行 1.0 版主要是送课，把好课送到中西部地区。慕课西部行 2.0 版将在拓围方面持续发力：成立实验教学工作组，从原先的课堂教学，更多地拓展到实验教学方面；成立图书文献保障工作组，除课程外，要保障图书情报资源。通过拓围，把图书文献资料、虚拟仿真资源、先进的实验教学理念等引入中西部高校。同时，发动一批在线教育教学高水平的、有资质的企业参加到工作中，并号召“四新”（新工科、新医科、新农科、新文科）领域产教融合的优秀企业力量投入。在课程资源供给、师资培训、教学条件建设等方面，提供人、财、物的支持，形成合力并激发活力。

二是深化。慕课西部行 1.0 版的重点是“输血”，慕课西部行 2.0 版要从“重输血”向“重造血”转变。鼓励东部地区的老师团队与中西部地区的老师团队共同打造和培育建设 1000 门符合中西部高等教育发展、人才培养规格特点的一流课程，以提升中西部地区高校教师的课程建设水平；通过线上 + 线下结合和虚拟教研室的方式，系统性、专业化地培训 10000 名中西部地区优秀教师，提高他们的教学水平和信息化素养，来带动中西部地区师资水平的整体提升。

三是创新。慕课西部行 1.0 版是在“互联网 +”的基础上用力，主要是通过慕课、线上 + 线下混合教学、“同步课堂”“克隆班”等方式开展；慕课西部行 2.0 版主要是在“智能 +”上下功夫，通过智慧教学平台、智慧实验室、智慧图书馆、虚拟教研室等“智能 +”的技术平台提升中西部高校的教学水平。

2023 年，在“慕课西部行计划”实施 10 周年之际，东部地区高校累计面向中西部高校提供了 19 万门慕课及在线课程服务，帮助中西部地区开展混合式教学 446 万门次，参与学习的学生达 4.9 亿人次，中西部地区的高校老师接受慕课培训达 183 万人次，中西部地区的高校慕课建设数量、用课学校数量、选课总人次呈快速增长态势。

“慕课西部行计划”是一项具有重要意义的教育行动，它利用数字技术和资源优势，将东部地区的优质教育资源输送到中西部地区，为推动我国高等教育的均衡发展做出了积极贡献。

国家智慧教育公共服务平台：智慧教育“国家队”赋能数字化变革

国家智慧教育公共服务平台是由教育部指导，教育部教育技术与资源发展中心（中央电化教育馆）主办的智慧教育平台。国家智慧教育公共服务平台聚合了国家中小学智慧教育平台、国家职业教育智慧教育平台、国家高等教育智慧教育平台、国家 24365 大学生就业服务平台等，聚焦学生学习、学校治理、教育创新等核心功能，开设德育、课程教学、劳动教育等多个板块的栏目，为用户提供丰富的课程资源和教育服务。截至 2024 年 2 月，国家智慧教育公共服务平台浏览量已超过 373 亿，访客总量超过 25.6 亿人次，覆盖了全球 215 个国家和地区。

基础教育方面，国家中小学智慧教育平台汇聚了全国最优质的基础教育数字资源。截至 2023 年 2 月，国家中小学智慧教育平台已开设德育、课程教学、体育、美育、劳动教育等多个板块的栏目，还提供了“双师课堂”等多种应用模式，让远在边疆、身处农村的孩子和大城市的孩子“同上一堂课”。职业教育方面，国家职业教育智慧教育平台支持 55% 的职业学校教师开展混合式教学，探索运用虚拟仿真、数字孪生等数字技术和资源创设教学场景，解决实习实训难题，普及数字技术支持下的自主式、探究式、合作式等教学模式，推进教学组织方式变革。高等教育方面，国家高等教育智慧教育平台开设“慕课西部行”专栏，帮助中西部地区开展混合式教学446万门次，参与学习的学生达4.9亿人次，接受慕课应用培训的西部教师达183万人次，线上+线下混合式教学等新的教育形态和新的人才培养范式快速涌现。

国家智慧教育公共服务平台国际版已面向全球学习者上线，支持中文、英语、法语、俄语、西班牙语、阿拉伯语6种语言，设置资讯专栏、资源服务、政务大厅3个部分。其中，资讯专栏提供世界数字教育大会、国际人工智能与教育会议、世界慕课与在线教育大会等国际会议的相关信息；资源服务专栏首批上线了约780门课程，涵盖文学、工学、艺术学等12个学科门类和17个专业大类，授课教师来自清华大学等百余所高校，还链接了中国国家博物馆、北京故宫博物院、敦煌研究院等博物馆的数字资源；政务大厅专栏聚焦出国留学和来华学习两个方向，提供来华留学生签证服务、中文水平考试等7项服务。

网络视频深受大众青睐

（一）总体情况

网络视频是指在互联网环境下进行的在线播放视频服务。随着时代的发展和宽带业务的不断普及应用，传统的图像信息和单纯的文字信息已不能满足人们的精神需求。基于计算机技术、网络通信技术和多媒体技术的网络视频以锐不可当的发展之势给传统媒体带来了革命性改变。

网络视频的发展规模不断扩大，已经成为我国互联网行业最具发展前景、最重要的服务内容之一，它对我国社会经济的发展起着重要的推动作用。然而，伴随网络视频的不断发展，许多版权、资金和视频内容等方面的问题也日益突出。CNNIC 数据显示，截至 2023 年 6 月，我国网络视频（含短视频）用户规模为 10.44 亿人，较 2022 年 12 月增长 1380 万人，网民使用率达到 96.8%，继续保持高位增长的态势。其中，我国短视频用户规模为 10.26 亿人，较 2022 年 12 月增长 1454 万人，占网民整体的 95.2%。

在市场竞争方面，我国网络视频市场呈现三足鼎立局面，行业内容生态体系逐步建立。腾讯视频、爱奇艺、优酷保持领先优势，占据市场大部分流量，随着爱奇艺在美国纳斯达克挂牌上市，头部网络视频平台均纳入上市企业体系，成为重要的流量入口。在行业整合方面，网络视频平台串联视频、文学、漫画、音乐、线下娱乐、智能娱乐硬件等多个领域，构建了以影视内容为核心、以衍生内容为辅助的内容生态布局，围绕用户需求，通过生态化战略布局构建市场竞争壁垒，整体形成多元化竞争格局。随着网络视频的付费模式逐渐形成，各大视频商订阅用户快速增长。网络视频（含短视频）用户规模变化情况如图 5-3 所示。

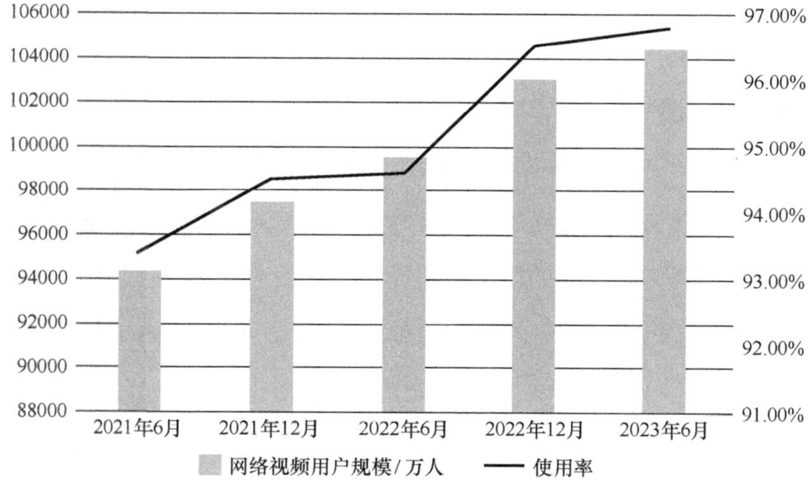

数据来源：CNNIC

图 5-3　网络视频（含短视频）用户规模变化情况

网络视频付费业务由于前期受网络盗版问题的影响发展缓慢，近年来，随着监管部门进一步加大对盗版的打击力度，网络自制内容快速发展，推动网络视频付费用户比例逐年上升，带动了网络视频行业整体收入的提升。

但是我国长视频进入了存量竞争时代，月活跃用户数与总使用时长面临提升瓶颈，更重要的是短视频的快速发展进一步影响了长视频的发展。因此，爱奇艺、优酷和腾讯视频 3 个网络视频平台开始探索以付费收入为典型的商业空间，以此增加平台收入，但会员付费模式在市场饱和状态下不具有规模经济，订阅制模式难以形成价格差，在定价策略上效率较低。近两年，行业降本增效，多管齐下，初见盈利曙光，但能否持续有待观察。

而随着行业的发展，短视频内容不断丰富，带动用户规模增长和用户黏性增强，成为移动互联网时长和流量增量的主要来源。由于短视频创作具备灵活性、娱乐性、门槛相对较低等特点，深受网民喜爱，逐渐呈现全民参与的趋势。短视频平台近几年拓展至电子商务领域，“内容 + 电子商务”的变现模式已深度影响用户的消费习惯。由于短视频本身就是一种重要的营销渠道和商业载体，庞大的短视频用户群体蕴藏着消费市场新蓝海，可以作为电子商务的一种有效运营方式。

自 2022 年以来，长 / 短视频平台之间的竞争关系逐渐转化为合作共赢，行业发展态势向好。抖音相继与搜狐视频、爱奇艺、腾讯视频达成合作，围绕长视频内容进行二次创作、长 / 短视频平台联合推广等方面展开探索。长视频平台丰富的内容储备为短视频的衍生创作提供了“活水”，短视频也已成为影视作品重要的宣传推广形式，两者之间的合作推动平台、用户、创作者多方共赢。

（二）发展历程

从 2004 年乐视网上线至今，网络视频平台已发展了 20 年，国内网络视频平台按其发展进行梳理，将其发展分为引入期、成长期、休整规范期、并购整合期和稳步发展期 5 个阶段。

1. 引入期（2004—2005 年）

2005 年 2 月，全球第一个视频网站——YouTube 在美国成立，同年 4 月，我国土豆网、56 网等视频网站以用户上传内容形式上线。这个时期只有少数几个视频网站上线运营，主要依靠用户生产和分享内容，软硬件等技术发展不够成熟，没有具备自身特色和较为清晰的盈利模式，只是效仿了传统媒体以广告为主的盈利模式。

2. 成长期（2006—2007 年）

2006 年，Google 以 16.5 亿美元收购 YouTube 引发热议，国内视频网站也快速发展，优酷网、酷 6 网等上线运营。另外，由于我国版权制度不够规范，此时进入行业的门槛低，大量小型和非正式的视频网站开始涌现，两年时间内，市场上就出现了 1000 多家视频网站，盗版侵权现象比较严重。

在这个阶段，视频网站的收入主要来自风险投资和广告，不够重视内容建设，网络定位欠缺差异化和特色化。此外，由于高额的宽带费用，还存在着运营成本过高的问题。

3. 休整规范期（2008—2009 年）

网络视频平台大规模非正规化发展受到了国家相关部门的关注，在两年内出台了一系列法律法规，并采取了相关整肃清理行动，引导网络视频平台规范化发展。

随着政府监管加强，网络视频平台的版权意识逐渐增强。2008 年后，国内网络视频平台开始购买版权内容，但是由于行业竞争激烈，网络视频平台购买版权内容的价格不断飙升，再加上高昂的宽带费用，即使拥有较高的广告收入平台，但依旧入不敷出。因此，资金实力较差的网络视频平台只能停止运营，大型网络视频平台凭借资金和资源的优势得以在激烈的竞争中生存下来。

4. 并购整合期（2010—2015 年）

这个时期，主要有三大趋势。第一，部分网络视频平台开始通过上市筹集资金。例如，2010 年优酷在美国纽约证券交易所正式挂牌上市，乐视网在中国创业板上市，2011 年土豆网在美国纳斯达克证券交易所上市。第二，网络视频的迅速发展引起了头部互联网企业的关注，纷纷布局网络视频领域。例如，2010 年百度投资组建爱奇艺，2011 年腾讯旗下的腾讯视频上线。第三，行业内掀起了并购潮。例如，2011 年人人公司全资收购 56 网，2012 年优酷和土豆合并成立优酷土豆集团，2013 年 5 月百度收购 PPS 视频业务并将其与爱奇艺进行合并，2013 年 10 月苏宁向 PPTV 投资 2.5 亿美元成为 PPTV 第一大股东，2014 年阿里巴巴以 12.2 亿美元入股优酷土豆集团。百度、腾讯和阿里巴巴等先后进入网络视频行业，带来了技术和资金支持，行业格局初步形成。此外，随着政策管控力度加大，国内视频网站纷纷效仿国外视频网站 Hulu，以提供正版内容为主。

为了缓解高昂的版权购买成本压力，一方面，一些网络视频平台开始联合，2012 年，腾讯视频、搜狐视频、爱奇艺合作，联合采购影视剧，提高平台的议价能力以降低成本。另一方面，网络视频平台纷纷探索新的利润点，例如乐视网、爱奇艺等开启了版权分销模式，将高价购买的独播版权转卖给其他视频平台。同时，网络视频平台也开始尝试会员付费模式，但是该模式更依赖于优质的内容。因此，各大网络视频平台为了抢占用户，只能花费高昂的投资购买独播版权，激烈的竞争进一步抬高了购买版权的费用。为了降低对购买版权的依赖，网络视频平台开始尝试自制精品内容以吸引用户的关注，但是由于存在用户还未养成付费习惯、网络支付技术不成熟和优质内容储量少等问题，整体而言，这个时期的网络视频平台会员的规模增长十分缓慢。

2013年以后，随着国家打击盗版的力度加大，再加上移动支付的普及和内容质量的提高，网络视频平台的会员规模快速增长。

5. 稳步发展期（2016年至今）

随着无线网络的普及和流量资费的下调，各大网络视频平台从移动端市场，逐步拓展到互联网电视端，通过与电视台或者智能电视制造厂商合作，将内容和品牌推向越来越广的用户群体。

我国对网络视频行业的监管也越来越严格，在行业监管、内容审查等方面都发布了相关规定。与此同时，网民对视频的质量提出更高的要求，更倾向于选择视频内容质量和清晰度更高的网站观看视频，整体推动网络视频平台发展越来越规范，同时也使进入行业的门槛越来越高。

其次，网络视频行业掀起了新一波上市潮，2018年爱奇艺、哔哩哔哩及快乐阳光（芒果TV所属公司）通过上市募集资金，以缓解在服务器、宽带和内容方面较高的支出压力。

另外，技术的快速发展推动了网络视频领域的创新应用，大数据、虚拟现实、人工智能等技术被网络视频平台用于增强用户的体验，互动视频成为行业热点，国内主流网络视频平台在电视剧、综艺和电影领域尝试互动视频。

政府也出台了相关政策，为5G时代网络视频行业提供技术保障，2019年2月28日，工业和信息化部、国家广播电视总局、中央广播电视总台联合印发《超高清视频产业发展行动计划（2019—2022年）》，提出按照“4K先行、兼顾8K”的总体技术路线，大力推进超高清视频产业的发展和相关领域的应用。

随着网络视频行业发展日趋成熟，国内网络视频平台也在寻找新的利润增长点。热门 IP 和优质内容带来了巨大的流量，网络视频平台纷纷投资搭建丰富优质的内容体系，主流网络视频平台围绕内容产业链上下游拓展业务，开拓了游戏和 IP 授权等多元化的业务体系。

（三）头部企业专栏

爱奇艺：国内领先的网络视频平台

爱奇艺，原名奇艺，于 2010 年 4 月 22 日正式上线。2011 年 11 月 26 日，爱奇艺正式宣布品牌升级，启动“爱奇艺”品牌并推出全新标志。

爱奇艺作为国内领先的网络视频平台，由百度创立，是国内首家专注于提供高清网络视频服务的大型专业网站。2018 年 3 月 29 日，爱奇艺正式在美国纳斯达克证券交易所挂牌上市。2019 年 6 月，爱奇艺 VIP 会员规模突破 1 亿人，中国视频付费市场正式进入“亿级”会员时代。爱奇艺已成功构建了包含短视频、游戏、移动直播、动漫画、小说、电影票、IP 潮品和线下娱乐等业务在内的娱乐生态。为了满足用户日益丰富多元的视频娱乐需求，爱奇艺推出了会员及服务体系，供用户根据需求选择订阅。2023 年 1 月 11 日，爱奇艺会员积分服务系统上线，用户订阅爱奇艺 VIP 会员将获赠相应的会员积分。

目前，爱奇艺的优质版权视频丰富多元，涵盖了电影、电视剧、纪录片、动漫和旅游等众多内容形态。同时，爱奇艺拥有强大的自制内容团队，可提供最新、最全的娱乐内容报道。

爱奇艺自成立以来，在线观影清晰、流畅、界面友好。在内容上，除了采购正版影视内容，“奇艺出品”还从电影、网络剧和娱乐节目等全方位进军自制内容领域。与此同时，爱奇艺深入探索广告投放的新技术和新模式，以

“SWS[1]”模式为核心竞争力，为品牌广告商提供高品质、高性价比的视频营销服务。

凭借丰富的自制内容、版权内容、多元的终端支持和优质的用户体验，爱奇艺赢得了广大用户和广告商的青睐。

快手：中国流行的短视频和直播平台

快手诞生于2011年3月，前身叫“GIF快手”，是一款供用户制作并分享GIF动图的原创移动应用程序。2012年11月，快手从纯粹的工具应用转型为短视频社区，成为用户记录和分享生产、生活的平台。后来，随着智能手机、平板计算机的普及和移动流量资费的下降，快手在2015年以后快速发展。

2019年11月，快手携手春晚正式签约“品牌强国工程”——强国品牌服务项目。快手成为《2020年中央广播电视总台春节联欢晚会》独家互动合作伙伴，开展春晚红包互动。

2021年2月5日，快手正式在香港联合交易所有限公司主板上市，首次公开募股融资规模为54亿美元。2021年3月，快手发布2020年第四季度及全年财报，快手2020年全年营业收入587.8亿元。

2023年9月，中共北京市委网络安全和信息化委员会办公室坚持问题导向，针对重点环节出实招、破难题，指导属地重点网络视频平台在热搜、热榜设置固定辟谣位，快手作为首批试点平台。

财报数据显示，快手2023年全年总营业收入达1134.7亿元，同比增长20.5%。2023年第四季度，快手平均月活跃用户同比增长9.4%，首次突破7亿规模。快手已成为中国流行的短视频和直播应用之一，用户可以记录日常、分享有趣的人和事，以满足其对美好生活的需要。

1　SWS是指Search（搜索）、Watch（观看）、Share（分享）。

在线租房不断推广普及

（一）总体情况

在“租购并举”政策和对房产市场“房子是用来住的，不是用来炒的”定位下，从 2017 年年底开始，租房市场成为中国互联网企业新的争夺之地。阿里巴巴、京东等头部企业先后宣布进入租房市场，原来传统的房产中介企业纷纷加大力度开拓新的网络业务模式，大量的、新的互联网租房平台进入消费者的视野，租房市场迎来互联网时代。

当前，在线租房以移动互联网为突破口，很多房产中介企业建立了在线租房平台，方便用户在平台选择合适的房源。用户直接在平台上勾选自己想要的户型、小区环境、地理位置和价格等，就能筛选出相匹配的房源信息，可从这些房源中挑选到自己满意的房子，大幅提高了筛选效率。在线租房还利用平台担保模式，将用户的房租和押金冻结在平台上。待用户入住之后，没有发现其他问题，平台将租金转付给房东，平台担保模式改善了房源真假难辨的问题。

当前，主要的在线租房平台有以下 3 种运营模式。一是 C2C 模式。平台作为信息渠道，房东和租客可直接交易，代表平台有贝壳、安居客等。具有房源覆盖范围广、运营成本低、扩张速度快等优势，但是难以把控房源真实性和服务质量，有较大的不确定性等风险。平台依靠收取端口流量费、收取交易抽成等方式盈利。二是 C2B2C 模式。平台租赁个人业主房源，统一装修和管理，平台作为二房东，代表平台有自如等。具有房源覆盖范围广、扩张速度快等优势，但房源较为分散，线下运营成本较高。平台依靠赚取租金差价、提供增值服务和收取服务费等方式盈利。三是B2C模式。平台自有房源、平台收购或者托管机构业主房源再出租，代表平台有泊寓、冠寓等。具有统一装修和运营、装修运营成本相对较低等优势。该模式为重资产经营，前期资金投入量大，扩张速度慢，房源覆盖区域有限，且房源位置一般较偏僻。平台依靠物业增值、租金等模式盈利。

在置业成本较高的推动下，租房市场需求稳定在较高水平，并且集中在流动人口汇聚的大中型城市。综合租房平台凭借“C2C模式+多业务板块”吸纳大量用户，占据市场主流地位，其行业领先者也迎来了上市潮，以安居客与贝壳为主要代表。长租公寓用户基数相对较低，仍处于初级阶段，频发“爆雷”置其于风口浪尖，但基于租房消费升级，而长租公寓和普通住宅租赁相比，具备装修更好、配套更齐全、服务品质更高等优势，市场对长租公寓的需求仍在，未来发展偏向垂直深耕。

除去租赁业务，部分平台如长租公寓开始发展增值服务，例如统一装修、贷款、维修和保洁等。其中，长租公寓与综合租房平台的用户争夺最为激烈。由于租房场景均主要为长租，综合租房平台与长租公寓用户的重合率最高，而长租公寓和民宿短租用户的重合率低于12%。

尽管我国的在线租房行业发展迅速、潜力巨大，但仍面临一些挑战。

一是行业缺乏统一的管理平台。我国的房产交易和服务行业的统一管理平台有待完善，出现了房产及价格信息不准确、重复或虚假房源的现象。在普遍缺乏信任的情况下，消费者经常在单次房产交易中聘请多个平台的房产经纪人，而这极大地影响交易效率。

二是在线租房平台之间缺乏合作机制。我国的房产交易和服务行业高度分散。截至 2020 年 12 月 31 日，我国约有 200 万名房产经纪人，超过 25 万家房产经纪门店，他们经常在房源和用户资源方面展开激烈的竞争。

三是缺乏经验丰富的房产经纪人。由于市场高度分散、竞争激烈，我国的房产经纪人的成交效率低，导致其平均收入较低、收入不稳定且离职率较高。2020 年我国的房产经纪人的行业经验中位数不到两年，而美国的房产经纪人的行业经验中位数约为 8 年；中国只有不到 20% 的房产经纪人拥有本科或以上学历，而美国的这一比例为 51%。缺乏从业经验、相关培训和指导导致房产行业中经纪服务的质量参差不齐。

（二）发展历程

我国在线租房行业的发展大致经历了萌芽期、探索期、爆发扩张期与洗牌监管期四大阶段。

1. 2010 年前是在线租房行业的萌芽期

在线租房行业 App 以买房为主、租房为辅，综合租房平台为行业主流。在线租房市场开始出现，主要以信息发布为主。

2. 2010 年至 2014 年为在线租房行业的探索期

在线租房市场快速发展，在线租房平台逐渐增加，出现了一批专业的在线租房平台，民宿短租平台也开始出现。

3. 2015 年至 2018 年为在线租房行业的爆发扩张期

2015 年，我国首次提出“租购并举”，开始大力支持租房市场，通过加大租赁用地供给、税收优惠、金融支持等方式培育在线租房市场。VR 看房等技术也赋能在线租房行业发展，使得在线租房平台获得了大量资本的青睐。

4. 2019 年至今是在线租房行业的洗牌监管期

2019 年，长租公寓“爆雷”事件频发，引发相关部门的注意，我国出台了多项监管政策推动在线租房行业的健康发展，而在政策监管趋严的情况下，近两年，我国在线租房行业加速进入大洗牌时期，利好头部在线租房平台的壮大。

但从整体来看，我国仍鼓励在线租房行业的发展。2021 年 3 月，“十四五”规划提出“租购并举”，探索支持利用集体建设用地按照规划建设租赁住房，完善长租房政策，扩大保障性住房租赁；2021 年 4 月，国家发展和改革委员会提出 300 万人口以下城市全面取消落户限制，城市落户政策要对租购房者同等对待，允许租房常住人口在公共户口落户。随着我国在线租房行业的利好政策不断被释放，在线租房行业的市场空间发展潜力较大。

随着人口向一二线城市聚集，房价水平不断提升，租房几乎成为大多数人群必须面对的问题，而一二线工作人群多为年轻人，在互联网浪潮下，在线租房凭借可节省看房时间和看房成本等优点成为用户主流的租房方式，用户规模实现快速增长。在线租房行业的三大未来发展趋势如下。

一是由居住空间转向生活空间。当前超六成用户的租房时间超过 3 年，1/4 用户的租房时间超过 5 年。同时，受购房成本高、租购同权、人口流动频繁、租房接受度提升等因素的影响，租房成为一种生活方式，租客对租房衍生产品或服务的需求提升，带动租房品质的不断升级。一方面是租房本身需求升级，另一方面是租房衍生需求的发展，保洁、维修和搬家成为标配，个性化装修、居住休闲空间（例如篮球场、阅读室和健身房等）被纳入租房需要重点考虑的因素。

二是平台打造产业生态链，积极破圈求发展。在线租房平台以租赁为触点和接口，满足从租赁出发的多种需求，打造产业生态链，延伸至生活、社交和金融等领域。

三是深耕一线，拓展强二线。一线城市外地常住人口数量庞大，仍是在线租房平台的必争之地，随着强二线城市经济的发展与人才引进政策的吸引，强二线城市正在成为新的“主战场”。

（三）头部企业专栏

贝壳找房：居住产业数字化服务平台

贝壳找房是“科技驱动的新居住服务商”，致力于推进居住服务产业数字化、智能化进程，为3亿中国家庭提供二手房、新房、租赁和装修等高品质、高效率的居住服务。

创立于2001年的链家用18年时间成为居住服务行业的头部企业之一。面对产业数字化的新机遇，链家开启了自我颠覆式转型。2018年4月，链家正式创立贝壳找房，突破链家传统的垂直运营模式，搭建数字技术驱动的开放型新居住服务平台。这项数字化变革，不仅为贝壳找房带来了业务指数级增长，也赢得高瓴集团、红杉资本和软件银行集团等众多知名投资机构的垂青。

2019年，贝壳找房总交易额突破2.1万亿元，比2018年的1.15万亿增长84.5%，成为中国居住服务的第一平台。2020年8月13日，贝壳找房在美国纽约证券交易所上市，开盘当日股价上涨87.2%，市值超过421.95亿美元。2020年，“BrandZ最具价值中国品牌100强排行榜”显示，贝壳找房首次上榜即位列第48名，品牌价值达3741亿美元，高于链家（第66名）的品牌价值。

贝壳找房的创新突围与产业数字化转型之路，是整合式创新之路的探索。贝壳找房以战略创新为引领，坚持数字技术创新与机制创新双轮驱动，打造了互为促进的数字技术核心能力与数字化管理核心能力，“双核”协同形成“产业数字化动态核心能力”，破解了居住服务行业数字化转型的痛点。贝壳找房通过“数据与技术驱动的线上运营网络”和“以社区为中心的线下门店网络”，以产业互联网平台为载体，以多元化的新居住服务场景为牵引，贝壳找房实现了全产业链的数字化、物联化和智能化，加速居住服务行业的数字化转型升级、效率提升和服务体验，构建了全新的居住服务数字生态。

自如：品质租房网络平台

自如是一家提供高品质居住产品与生活服务的科技公司。作为提供租房产品及服务的O2O科技公司，自如成立于2011年10月，目前已为近50万业主、500万自如客户提供服务，管理房源超过100万间。截至2021年3月，自如已开通北京、上海、深圳、杭州、南京、广州、成都、天津、武汉和苏州十大城市。2024年5月，自如正式开启国际化租房市场。

自如通过打造涵盖toC和toB的品质居住产品、智慧生活服务、智能家装家居和智慧社区组织运营四大板块，逐步实现城市居住生活领域全链条的线上化、数据化和智能化的平台能力。

自如旗下居住产品拥有两类：一类是包括自如友家、自如整租、心舍、曼舍和业主直租等分散式租住产品；另一类是自如寓、自如驿、自如里等集中式租住产品。同时，自如也提供保洁、搬家和维修等生活服务产品。

自2011年运营以来，自如现已在计算机端、移动终端、微信全渠道实现租房、服务和社区的O2O闭环，省去传统租房模式所有的中间冗余环节，通过O2O模式重构居住市场格局。

智能终端日益丰富多元

（一）总体情况

智能终端是一类具有智能操作系统的嵌入式计算机设备，可以实现多媒体处理和人机交互等功能。随着人工智能的发展，深度学习、人机交互等新兴技术逐渐商用，催生了大批新兴的电子产品，例如智能可穿戴设备、智能车载设备和虚拟现实设备等，同时也进一步拓展了电子信息产品的应用范围和产业边界，例如智能机器人、智能家居、智能教育和无人驾驶汽车等。“智能化”时代，智能终端市场呈现多样化的发展趋势。

在我国智能终端市场中，智能硬件主要以智能传感互联和人机交互等信息技术为基础，同时结合新材料和新工艺等载体，形成具备感知和联网等功能的智能终端设备。2020 年，中国智能硬件市场规模约为 1.08 万亿元，同比增长 80%；2021 年的硬件市场规模达到 1.2 万亿元，同比增长 11.1%。智能终端测试服务可以为相关智能终端产品提供测试服务，是智能终端产业的重要组成部分。2020 年，中国智能终端测试服务的市场规模约为 233.1 亿元，同比增长 24.5%；2021 年的智能终端测试服务的市场规模上升至 291.6 亿元，同比增长 25.1%。

在我国智能终端的细分市场中，过去几年我国智能手机市场面临供给疲软、需求收缩、海外市场不稳定因素增加等多重压力。中国信息通信研究院统计数据显示，2023 年国内市场手机总体出货量累计 2.89 亿部，同比增长 6.5%。5G 手机出货量 2.40 亿部，同比增长 11.9%，占同期手机出货量的 82.8%。

目前，国内市场上的智能终端代表厂商有苹果、三星、诺基亚、中兴、华为、小米、百度和阿里巴巴等。苹果、三星是行业领先企业，其在供应链和工业设计上具备核心竞争力，在中高端领域内的领先趋势不断扩大。诺基亚是传统中高端厂商，其核心竞争力是传统市场份额较高。中兴、华为是快速崛起的智能终端厂商，拥有与电信运营商合作的优势，近年来也大力拓展自身的品牌和渠道。小米、百度和阿里巴巴是具有互联网基因的终端厂商，在应用和营销方面具有典型的互联网优势，采用“占领终端、拓展应用”的战略，但没有掌握核心的操作系统。

虽然诸多不利因素依然存在，但是智能终端因为用户在线需求的增长和上下游产业链的贯通，在智慧家庭、智慧教育、智慧医疗、智慧交通和智慧旅游等场景得到了广泛应用，并与云网深度耦合构建出完整的智慧应用系统，泛智能终端成为市场消费的热点。

（二）发展历程

（1）1993—2010 年：第一波浪潮，智能机时代

1983 年，世界上第一台移动终端问世——摩托罗拉 DynaTAC 8000X，这是世界上首部获得美国联邦通信委员会认可并正式投入商用的蜂窝式移动电话。从此，面向普通消费者的移动通信产业开始蓬勃发展。20 世纪 80 年代末，摩托罗拉 3200（第一部进入中国市场的移动电话）进入中国市场。20 世纪 90 年代中后期，移动电话的价格逐步下降，受众人群不断扩大，且手机品牌、外形和功能开始快速演变。在功能机时代，移动电话主要用来实现通信功能，功能简单、结构单一。直到 2004 年，诺基亚颠覆了传统移动电话的直板造型，将终端 UI、百万级摄像头等与移动电话基础通信功能完美结合。在行业头部企业的引领下，终端市场呈现了爆发式增长。

2007 年，苹果公司的第一代 iPhone 智能移动电话发布，依靠触屏体验和 App 应用，开启了以开放式系统、第三方应用、友好交互和良好的无线数据接入能力为特征的移动智能终端时代，移动智能终端的概念引起了消费者的广泛关注。2008 年，首部 Android 移动电话 HTC G1 正式推出，从此拉开了智能移动电话大规模普及的序幕。

（2）2011—2016 年：第二波浪潮，智能可穿戴时代

智能可穿戴设备是指可以穿戴在身上并与智能移动电话、计算机等设备互联互通的智能设备。它是近年来科技领域的重要创新，通过嵌入各种传感器和芯片，可实现对人体生理特征和环境信息的采集、处理和传输。智能可穿戴设

备的发展不仅改变了人们的生活方式，也为医疗健康、工业生产、运动健身和安全监测等领域带来了新的应用场景。

2011 年，智能手环鼻祖——Jawbone 推出了第一款运动手环产品 UP 手环。2015 年，由于用户的高期待与产品功能、实用价值的缓慢增长之间出现明显的落差，市场增速从 300%、200% 掉落至不到 30%，智能可穿戴设备在一瞬爆火后遭遇寒冬。经历了遇冷期后，智能可穿戴设备的市场参与者们吸取经验，开始探索一些新方向、新可能。随着市场需求的逐渐释放和底层技术的逐渐完善，开发了以智能手环、智能手表和智能配饰等各种形态的便携式智能产品。

（3）2017 年至今：第三波浪潮，智能家居时代

近年来，随着人工智能、大数据、5G、云计算等技术的出现，智能家居进入了快车道，这些技术的融入让智能家居产品有了“会思考”“能决策”的大脑，实现真正的人机交互体验。语音交互代替传统的 App 与触摸控制逐步实现自我学习与控制，视觉处理与手势识别将成为智能家居更强大的交互能力，并通过收集、分析用户行为的数据为用户提供个性化生活服务，使家居生活安全、舒适、节能、高效和便捷。

在经历了由单品智能化向互动智能化的转变和各大厂商层出不穷的新产品宣传下，智能家居逐渐渗透人们生活的方方面面。现阶段的智能家居功能总体大致包括：智能照明系统、电源控制系统、家庭背景音乐、家庭影院系统、安防监控系统、防盗系统、门窗控制、空调控制系统、花草自动浇灌、对讲系统、智能家电、能源管控等。伴随着智能家居新功能的出现，智能家居由前期的可有可无逐渐转变为家庭的必需配置。智能移动终端的普及为智能家居提供了极大便利，其可操作性也由原来的室内有线布控扩展到无线网络覆盖任何位置，为智能家居的未来发展奠定了良好的基础。

（三）头部企业专栏

华为：从小团队到全球领先的科技巨头

华为创立于1987年，是全球领先的ICT基础设施和智能终端提供商。华为长期致力于把数字世界带入每个人、每个家庭、每个组织，致力于构建万物互联的智能世界。多年来，华为不断创新和发展，成为全球领先的科技公司之一。

1987年，华为创始人任正非带领一个小团队开始研发电信设备，并在当时艰苦的条件下取得一些成果。在随后的几年里，华为不断扩大规模，开始生产并销售自己的电信设备。

1990年年初，中国的电信市场开始迅速发展。随着移动通信的兴起，华为的业务也快速发展。华为抓住机遇，继续加大研发和生产投入，并开始进军国际市场。1997年，华为在海外市场首次获得了重要订单，成为一个拥有国际业务的公司。

2000年，随着3G时代的到来，华为开始加强在无线通信领域的研发。华为在3G标准制定过程中发挥了重要作用，并且获得一些重要的合作伙伴，例如沃达丰、T-Mobile等。同时，华为也在亚洲、欧洲和非洲等地建立了多个研发中心和生产基地。

2010年，华为开始积极拓展自己的业务范围。华为在智能移动电话领域的市场份额不断增加，成为全球第三大智能移动电话生产厂商。同时，华为也加大了在云计算、人工智能、5G等领域的研发和投资，并成为这些领域的领先企业之一。

2020年，随着5G时代的到来，华为开始面临一些挑战。然而，华为仍然继续加强自己的研发和创新能力，致力于成为一个更加全球化和多元化的科技公司。

华为一步一步发展成为全球领先的科技公司，成为中国科技行业的杰出企业。其成功得益于它不断的创新和自我完善的精神，以及强大的技术实力和优秀的管理团队。在专业领域上，华为不断拓展业务版图，不仅在通信系统设备领域有着卓越的表现，而且在智能移动电话、云计算和人工智能等领域也有着强劲的发展。

小米：智能家居的先行者

2010 年 4 月，小米集团成立。小米是一家以智能手机、智能硬件和 IoT 平台为核心的消费电子及智能制造的公司。2018 年 7 月 9 日，小米在香港证券交易所主板挂牌上市。

2013 年，小米推出了其第一款智能家居产品——小米路由器。该产品是一款智能家庭网关，可连接家庭网络和所有智能设备，并可通过小米云服务实现远程控制。小米路由器还配备了其他功能，例如儿童模式、推送服务及运动健康监测。此后，小米持续努力开发和推广智能家居产品线，不断扩大其在智能家居市场中的地位。

2014 年，小米推出了另外两款智能家居产品——小米智能插座和小米智能台灯。它们分别由小米生态链企业研发，并可通过小米智能家居 App 操作，实现了智能家居产品协同控制和联动。小米智能插座通过远程控制，可以实现家居电器的开关控制。小米智能台灯则配备了 Wi-Fi 功能，可通过小米家居 App 设置调光、定时和情景模式，同时还具有较高的色彩还原度和亮度调节能力。

2016 年，小米推出了智能家居设备的新品牌——米家。米家推出了许多家庭智能产品，例如智能锁、智能门铃、智能烤箱和智能热水器等，现在已成为小米智能家居产品的主线品牌之一。“MIJIA 米家”品牌问世之时，小米生态链企业已经缔造了多个“爆款”，这些“爆款”和它们延续的产品线至今依然活跃在市场上，深受消费者的认可，例如，小米移动电源（10400mAh 版）、小米手环（初代）、小米插线板（USB 3.0 插孔）、小米空气净化器和小米净水器等。“MIJIA 米家”成立后又推出了首款“冠名”产品——米家压力 IH 电饭煲。“纯米团队”成为一个移动电话团队和家电团队的跨界组合。

2017 年，小米米家推出了智能窗帘云台和智能音箱 AI：智能窗帘云台可实现智能控制窗帘，支持语音和遥控操作；智能音箱 AI 则是小米和谷歌联合研发的一款音箱，配备了小米自家研发的人工智能语音助手（小爱同学），可实现语音控制、音乐播放和智能家居管理等多种功能。2018 年，小米智能家居产品线不断扩大，包括小米智能电饭煲、小米智能扫地机器人和小米智能体脂秤等多种产品。除了不断推出新的产品，小米智能家居也积极探索新的技术和应用场景。例如，小米智能家居通过整合传感器、机器人技术和人工智能技术，实现了智能家庭的自动化操作，例如自动开灯、调光和送风等。小米智能家居还在智能家庭安防领域取得很大的进展，推出了智能摄像头、智能门锁等产品，扩展了智能家居产品线的应用场景。

2017 年 11 月，在 IoT 开发者大会上，小米宣布已成为全球最大的智能硬件 IoT 平台之一，小米将全面开放 IoT 平台并启动小米 IoT 开发者计划。早在 3 年前，小米就通过生态链模式布局物联网。经过 3 年的发展，小米 IoT 平台接入了超过 800 种智能硬件，领导了新一代智能家居标准——MIoT（MIoT 的全称是小米物联网，即小米已成熟地搭建了一个基于互联网的生态系统。支持各种智能设备互相连接和交互的开放平台，涵盖了智能家居设备的各个方面，例如通信协议、硬件规格、数据传输和安全性等，以确保各种智能设备之间的相互连接和交互能够更加稳定、便捷和安全）。

2018 年，小米智能家居产品已经涵盖了智能灯泡、智能音箱和智能加湿器等多种设备。小米智能家居产品不仅提供智能联动，还注重产品的性价比，例如智能灯泡，小米家居提供了颜色调节、亮度调节等功能。同时，小米家居产品也支持多种语音助手，例如小爱同学、小度智能等，可以满足用户的不同需求。2023 年 3 月，小米发布 2022 全年财报，数据显示，2022 年小米智能移动电话全球出货量 1.51 亿部，稳居全球前三位。

第六章

发展中仍面临一些问题和挑战

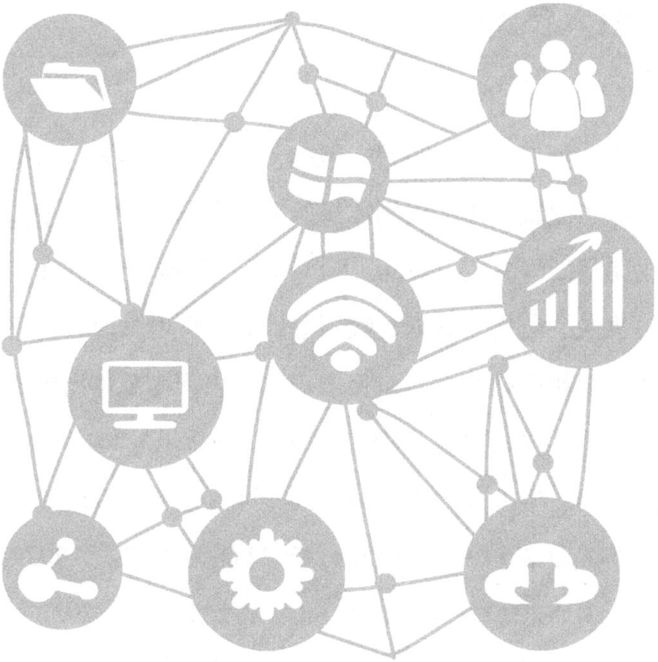

新型消费顺应经济结构转型升级，符合人们对效率提升、知识获取、技能升级和健康改善的广泛需求，其长期发展空间巨大。在政策红利和市场效应持续显现的同时，我国新型消费发展还面临一些挑战，要深化供给侧结构性改革，在贯彻新发展理念的框架下寻求进一步的发展。

人口因素：总人口进入负增长时代

人是消费的主体，没有人就无法产生消费。因此，人口因素是影响消费品需求最基本的因素之一。我国是拥有十亿级别体量的人口大国，长期以来保持稳步增长态势，但随着经济发展和社会变革，人口增长逐渐减缓。2022 年我国出生人口首次跌破千万大关，创历史新低，我国进入人口负增长时代。

一是出生率降低。从人口出生率看，人口负增长主要表现为总体出生率的持续降低，这一趋势在近年来更加明显。国家统计局数据显示，2019 年我国常住人口出生率为 10.48‰，较 2018 年的 10.94‰有所下降。而在 2020 年，我国出生率进一步降低至 8.52‰，2021 年为 7.52‰，2022 年为 6.77‰，2023 年为 6.39‰。从人口出生数量看，2020 年全国出生人口为 1202 万人，2021 年为 1062 万人。2023 年，我国出生人口降至 902 万人，比 2022 年持续下滑，呈现明显的下降趋势。从年龄结构来看，我国 2010 年和 2020 年的人口普查数据显示，2010 年 0 ～ 14 岁人口占总人口的 16.60%，2020 年这一比例略有上升，为 17.95%。另外，总生育率是衡量一个国家或地区生育水平的重要指标。国家统计局数据显示，我国 2014 年总生育率约为 1.54，略低于 2.1 的替代生育率，到 2018 年总生育率进一步降至 1.46。2021 年，我国总生育率降至 1.15，2022 年为 1.07，2023 年继续下降。因此，我国人口出生率的持续降低已成为一个不容忽视的现实问题。2009—2023 年中国出生人口情况如图 6-1 所示。

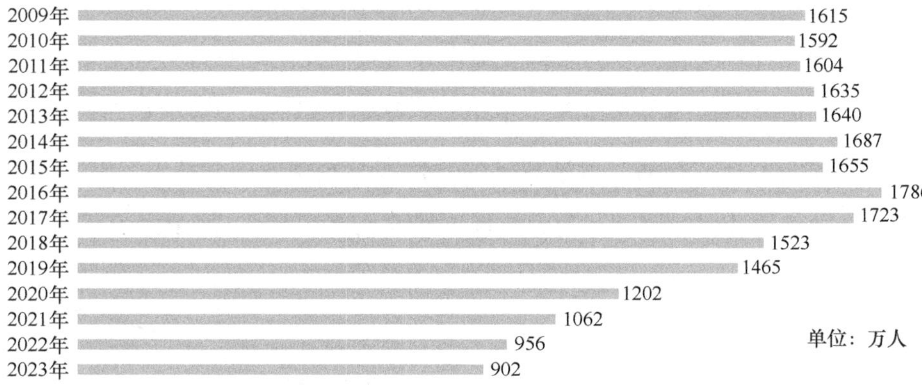

数据来源：中国信息通信研究院

图 6-1　2009—2023 年中国出生人口情况

二是老龄化加剧。随着出生率下降和人口寿命的延长，我国老年人口所占比例逐年上升，老龄化问题日益严重。国家统计局数据显示，2023 年，我国 65 岁及以上老年人口总数达到 2.1676 亿人，占全国总人口比例的 15.4%，比 2013 年、2003 年分别增加了 5.7%、7.9%，我国人口老龄化呈现加速趋势。

"抚养比"是一个国家或地区赡养一位老年人需要劳动力的数量。国家统计局相关数据显示，我国 1993 年的"抚养比"为 9.6%，即大约 10.4 个劳动力赡养一位老年人；但是到了 2023 年，我国"抚养比"已经接近 25%，即一位老年人需要 4 个劳动力赡养。30 年来，我国"抚养比"数据不断增加，赡养一位老年人的劳动力下降超过一半，意味着我国整个社会的养老压力在不断增大。2003—2023 年中国 65 岁及以上老年人口总数及比例如图 6-2 所示。

三是劳动力人口减少。目前，我国劳动力减少已成为现实挑战，并可能影响国家经济的可持续发展。随着我国人口出生率的下降和老年人口的增长，进一步加速了社会老龄化进程。国家统计局数据显示，2013 年我国劳动年龄人口（16 ～ 59 岁）为 9.2 亿人，占全国总人口的 67.6%。2023 年，这一人口数量已降至 8.6 亿人，占全国总人口的 61.3%，10 年间下降了 5.7%，这说明劳动力市场压力增大。此外，教育水平的提高也在一定程度上影响了劳动力市场。越来越多的青年选择接受高等教育，进入劳动力市场的时间相对较晚，这也减少了劳动力的供应。劳动力就业结构和行业转变也影响着劳动力数量。随着我国经济结构调整和产业升级，部分传统劳动密集型产业逐渐被新兴行业取代，一定程度上导致劳动力市场需求的变化和某些领域的劳动力短缺。未来，随着人口老龄化进程加快，劳动力市场可能面临更加严重的结构性压力。

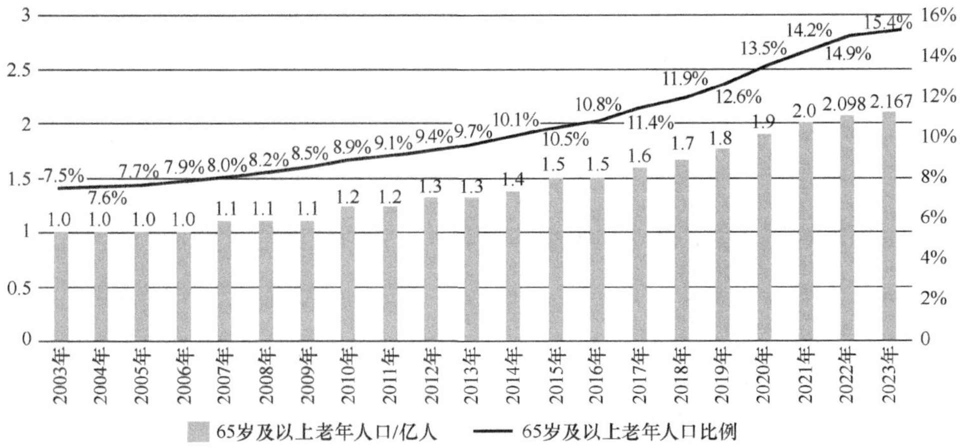

数据来源：中国信息通信研究院

图 6-2　2003—2023 年中国 65 岁及以上老年人口总数及比例

收入因素：消费能力仍有待提升

一是经济发展与劳动力结构发展不匹配。当前，我国人均 GDP 已达 1.2 万美元，居于世界第 63 位，但与发达国家相比还有较大差距，可能会出现“未富先老”的情况。横向对比各国的老龄化程度及其经济发展水平：美国于 1978 年人均 GDP 突破 1 万美元，老年人口占比 11.2%；日本于 1981 年人均 GDP 突破 1 万美元，老年人口占比 9.2%；韩国于 1994 年人均 GDP 突破 1 万美元，老年人口占比 5.8%；中国于 2019 年人均 GDP 突破 1 万美元，老年人口占比 12.6%，2011—2023 年中国人均 GDP 增长情况如图 6-3 所示。而美国 1990 年老年人口占比已达到 12.6%，人均 GDP 为 2.4 万美元；日本 1992 年老年人口占比达到 12.6%，人均 GDP 为 3 万美元；韩国 2015 年老年人口占比达到 12.6%，人均 GDP 为 2.7 万美元。由此可见，在经济水平到达一定高度后，国家已经积累到足够的资本、科学技术，拥有较高的生产力水平，因此能够适应劳动力结构的老化，并不会因劳动力规模下降而产生经济下行现象。但我国的经济发展与老龄化程度尚未同步，"未富先老"问题亟待解决。

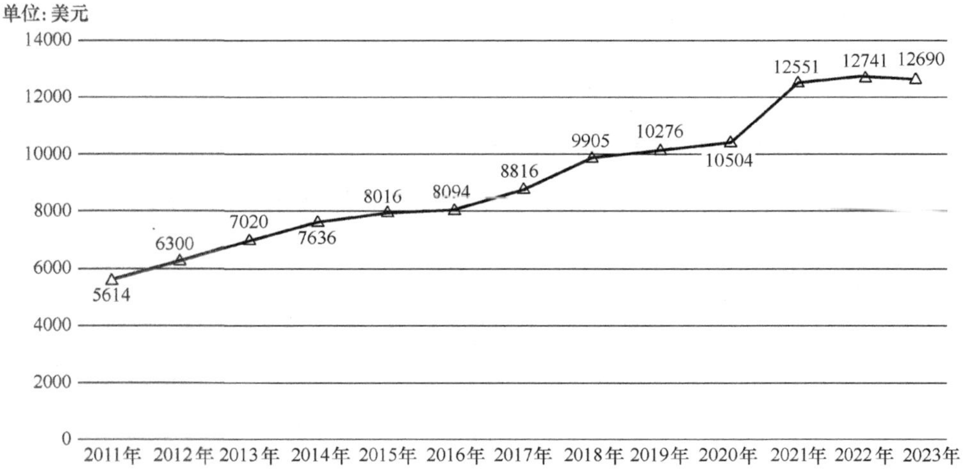

数据来源：中国信息通信研究院

图 6-3 2011—2023 年中国人均 GDP 增长情况

二是居民消费能力不足。从人均创收水平来看，自 2019 年我国人均 GDP 达到 10276 美元，首次突破 1 万美元以来，2020 年我国仍实现全年增长，人均 GDP 约为 10504 美元，较 2019 年有小幅提升。但从国际发展经验分析，人均 GDP 突破 1 万美元之后，一些国家出现再难继续增长的现象，从而陷入了"中等收入陷阱"，例如，俄罗斯、巴西、阿根廷、马来西亚等未能突破到高收入国家。我国人均 GDP 能否继续突破，会受未来几年我国经济增长情况、价格水平情况，以及人民币汇率变化等诸多因素的影响，而要达到普遍认同的发达国家人均 GDP 水平，人均国民收入在 3 万美元以上，还需要 10 年以上的长期努力。在亚洲范围内，新加坡、以色列、日本、韩国的 2023 年人均 GDP 分别达 8.47 万美元、5.43 万美元、3.38 万美元、3.31 万美元，而我国人均 GDP（1.269 万美元）还和上述国家存在很大差距。从实际可支配收入分析，中国居民可支配收入占 GDP 比重的降低是导致中国居民消费占比过低的根本原因之一。与发达国家相比，中国居民可支配收入的比重较低，且处于持续下降的趋势。2019 年之前，我国居民可支配收入名义增速预期值保持在 8.8% 左右，2022 年第四季度已下降至 6.3%。2023 年以来，我国居民可支配收入名义增速预期值连续两个季度回升，第二季度已回升至 7.0%，这带动了居民消费率的提高，但目前居民可支配收入名义增速预期值仍大幅低于 2019 年的水平。2023 年第二季度，我国居民消费率为 68.2%，虽然有所提升，但较 2017—2019 年同期平均 70.6% 的水平仍有一定差距。2023 年世界部分国家人均 GDP 和人口情况见表 6-1。

表 6-1　2023 年世界部分国家人均 GDP 和人口情况

国家	人均GDP/万美元	人口/万人
瑞士	10.04	882
新加坡	8.47	592
美国	8.16	33514
澳大利亚	6.54	2662
加拿大	5.50	3893
以色列	5.43	917
德国	5.28	8329
英国	4.59	6773

数据来源：联合国及各国统计局，中国信息通信研究院

三是消费信心下滑。受居民资产负债表受损的影响，显著集中于房地产市场快速扩张、房价高位运行时贷款买房且尚未还清的群体，随着房地产市场走

弱，且金融市场产品收益率表现不佳，流动性资产收益难以覆盖借贷成本，因此，居民增加储蓄、提前还款的意愿明显提高。

四是住房压力制约消费潜力释放。住房压力对消费的制约主要体现在以下两个方面：一方面是已贷款购房的居民因增加储蓄、提前还款而挤压消费空间；另一方面是对于尚未购房的青年群体而言，刚性购房需求形成未来大额支出预期，从而增强了这一群体的储蓄意愿，制约其消费潜力释放。居民杠杆率和现有经济水平挤压消费空间，住房成本高成为居民生活中的一项巨大支出，很大程度上分流了居民购买力。中国人民银行发布的《中国金融稳定报告（2023）》显示，尽管近两年全国房价涨幅有所回落，但我国居民杠杆率（居民杠杆率 = 住户贷款余额 /GDP）仍然高达 71.8%，在新兴市场经济体中处于较高水平。过高的居民杠杆率虽然可以短期内对经济增长产生促进作用，但长期存在挤压消费和投资空间等问题。据测算，居民杠杆率每上升 1%，社会零售品消费总额的增速约下降 0.3%，对居民消费水平形成较强的“挤出效应”。

结构因素：消费结构不合理

消费结构是反映消费水平和消费品质的重要指标之一。一般来说，随着收入水平和物价水平的变化，人们对不同类型和不同层次的商品和服务的需求也会发生变化。国家统计局数据显示，2023 年中国城镇居民人均服务性消费支出为 15673 元，占可支配收入的比重为 30%；农村居民人均服务性消费支出为 7164 元，占可支配收入的比重为 33%。这说明，中国居民对服务性消费的需求还不够强烈。而且，在总体需求不旺盛的情况下，消费者对商品和服务的品质要求也无法提升，导致消费结构不合理。此外，我国需求端存量市场放缓或趋于饱和，增量市场的潜在需求尚未充分释放，城乡、区域之间的“鸿沟”长期存在。

素质因素：数字技能有待提升

如今，以智能手机为代表的数字设备在农村地区普及，但农村居民的数字技能仍然有很大的提升空间。截至 2023 年 6 月，我国非网民规模有 3.33 亿人，从地区来看，我国非网民仍以农村地区为主，农村地区非网民占比为 59.0%，高于全国农村人口比例 23.8%。从年龄来看，60 岁及以上老年群体是主要的非网民群体，截至 2023 年 6 月，我国 60 岁及以上非网民群体占非网民总体的比例为 41.9%。

使用技能缺乏、文化程度限制、上网设备不足和年龄因素是非网民群体形成的主要原因。非网民群体形成的主要原因分析如图 6-4 所示。

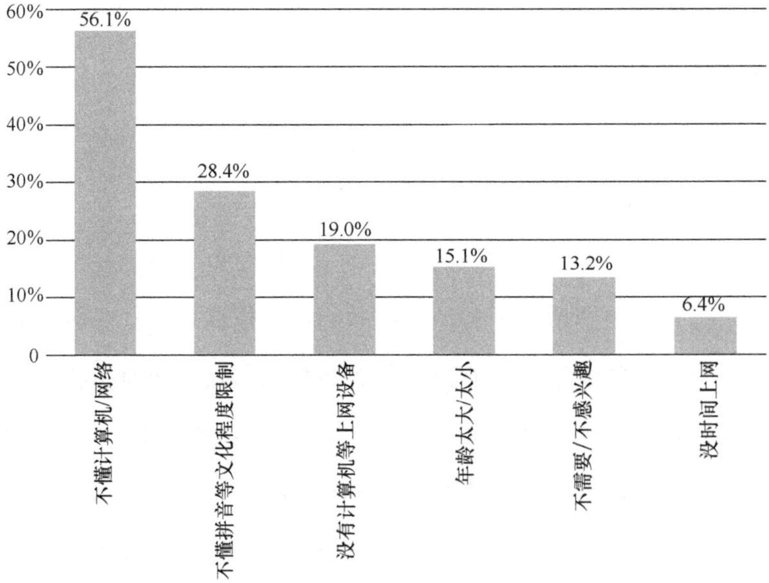

数据来源：CNNIC

图 6-4　非网民群体形成的主要原因分析

就业因素：就业形势严峻一定程度制约消费

就业是保障收入、稳定消费的基本前提。我国就业人口规模大、就业竞争压力大是我国新发展阶段民生领域的核心问题，也是保障我国持续扩大内需亟待解决的问题。

我国劳动力供给总量规模庞大，对这些人的就业形成巨大压力。长期以来，我国的劳动力供给数量一直处于世界首位。国家统计局数据显示，2023 年我国劳动年龄人口 86481 万人，占全国总人口的比重为 61.3%。劳动力供给总量的庞大规模，客观上要求经济发展在总量上长期保持相应规模的就业吸纳能力。此外，由于我国区域经济社会发展不平衡的情况仍然存在，这种区域经济社会发展不平衡的格局使经济发展相对落后、劳动力人口相对较多的地区形成较大规模的劳动力人口相对过剩。每年有数以亿计的劳动力从农村流向城市、从经济社会相对落后的中西部地区流向经济社会较为发达的东部沿海地区。这些劳动力人口的流入地尽管具备相对较强的就业吸纳能力，但是这些地区自身的人口密度本就较高，劳动力人口的激增给就业市场带来了巨大压力，容易形成劳动力市场的结构性矛盾，从而加剧产业升级和增加就业机会之间的矛盾。

我国就业结构性矛盾比较突出，高校毕业生等青年就业难和企业招聘难问题并存。一方面，高校毕业生规模创历史新高，随着高校扩招和高等教育普及化的推进，高校毕业生数量逐年增加，据统计，2023 年我国高校应届毕业生人数高达 1158 万人，如此规模庞大的高校应届毕业生群体面临的就业市场竞争异常激烈，就业压力不断增大。另一方面，技术工人短缺问题突出，对高技能人才的需求保持在两倍以上。技术工人的短缺，从过去的东部沿海地区逐步蔓延到中西部地区，从过去的季节性演变为经常性。

此外，我国劳动力的整体素质仍有待提升。从实际情况看，尽管我国劳动力的整体素质已有较大幅度的提升，但是与发达国家相比，仍有较大的发展空间。近年来，我国经济发展方式正在转向以注重质量、追求效率为重要特征的集约型经济，客观上要求提高生产中的劳动复杂程度。而劳动复杂程度的提升是劳动者报酬提高的基础。因此，只有劳动力素质的提升与劳动复杂程度的提高相匹配，才能同步实现劳动者报酬增长与劳动生产率提高，从而提高劳动者报酬在初次分配中的比重。

供给因素：信息消费相关产业供给动力不足

平台支撑能力不足。平台化是信息消费 2.0 的典型特征，网络平台成为连接消费和生产的核心中介。信息消费模式创新对网络平台的快速响应能力和精细支撑能力提出了更高的要求，商贸、生活、交通、物流、教育、工业、医疗等垂直细分领域，必须借助网络平台提供服务、打造生态、创造价值。当前，我国电子商务、智慧物流、生活服务等应用平台还存在同质化竞争现象，应用平台的商业模式创新不足。同时，云平台、大数据中心等基础平台区域部署不平衡，传统领域对于云服务等应用水平偏低，平台供需结构也亟待改善。

新业态、新应用、新产品仍需培育。从应用方分析，即时通信、搜索引擎、网络资讯等已有线上业务趋于饱和，虽然网民使用率超过 80%，但是增长率低于 10%。优质的数字内容供给仍存在较大的缺口，在线教育、智慧医疗、知识分享等新兴应用的使用率偏低。5G 商用后，超高清视频、数字渲染、全息互动等数字技术加速渗透，广泛应用于赛事直播、文体旅游等领域，为人们带来全新的体验。但总体来看，5G大带宽的应用尚未大规模爆发，行业融合应用的广度和深度有待拓展，亟须创新服务模式、丰富服务内容，满足消费者个性化、小众化的信息消费升级需求。从产品看，我国电子信息产业仍处于全球价值链的中低端，中高端产品供给不足，低端产品产能过剩。融合型信息产品没有实现规模化发展，智能网联汽车、智能手表等产品尚未形成统一标准，碎片化发展问题凸显；高端前沿信息产品供给尚不丰富，VR设备、无人机、智能机器人等领域能够引领信息消费热点的高端产品短缺。

高端前沿信息产品关键技术仍需加强。随着全球竞争加剧，我国劳动密集型产业的加工组装和低端制造环节加快向外转移，给产业供应链的发展带来很多的不确定性，高端芯片、关键零部件和元器件、核心材料等关键共性技术受到影响的问题更加凸显，对我国本土高端智能手机等信息产品供给也带来一定的风险。人工智能领域，我国在一些关键技术尤其是核心算法方面与发达国家的技术水平相当，但整体能力仍有较大的提升空间。

互联网应用同质化竞争和恶性竞争较为普遍。许多新型信息服务具有爆发式、短期性发展特点，商业模式同质化严重。例如，电子商务直播主要集中于美妆、服装搭配等方面，内容较为单一，缺乏创新点，各大互联网平台间同质化竞争激烈。一些互联网平台被曝出屏蔽和封锁竞争对手产品下载链接、内容分享链接、篡改新闻资讯标题诋毁竞争对手等一系列问题，严重扰乱了市场竞争秩序，也会误导消费者对相关产品或服务消费的选择。

数字技术与传统产业融合有待提升。推动数字技术广泛应用于传统企业，加快传统企业数字化转型是培育消费新模式、新应用、新产品的深层动力。在日益激烈的行业竞争环境中，不少企业已经开始探索数字化转型，但部分中小型企业仍在观望，主要包括以下两个原因。一是高成本制约中小型企业数字化转型升级意愿。数字经济与实体经济融合发展是涉及组织架构、业务流程、经营管理等方面的系统工程，大多数中小型企业由于自身资金有限、生存压力大，对于投资大、周期长、见效慢的数字化转型升级望而却步。绝大部分企业希望在数字化升级上投入的资金一般是其设备投入的10%左右，若超过这个比例，企业往往会拒绝数字化转型。二是受限于技术水平和人才储备，中小型企业的数字化转型动力不足。一方面，中小型企业自身的技术水平不高，难以满足企业数字化平台的开发、部署、运营和维护需求。同时，目前市场上的数字化升级改造服务大多是提供通用型解决方案，也无法满足中小型企业个性化、一体化需求。另一方面，大部分中小型企业尚未建立数字化人才培养体系，在生产、营销、运营、管理等环节均缺乏数字化人才的支撑，导致企业数字化转型的积极性受挫。人瑞人才联合德勤中国发布《产业数字人才研究与发展报告（2023）》显示，截至2022年年底，我国数字化综合人才总体缺口2500万～3000万，且缺口仍在持续放大。

安全因素：网络与信息安全风险抑制居民信息消费意愿

信息消费环境日趋复杂，线下线上问题聚合交错，突破了原有的监管边界，给行业监管带来行业交叉、管理空白等新问题、新挑战。平台治理对象数量庞大、违规行为类型多样、业务模式迭代迅速，以事前审批为主的治理方式和依靠人力集中检查的治理手段难以适应新业态的发展，亟须探索新型监管方式，做好新业态的引导和培育工作。大量融合性的新业态快速发展，现有的统计监测系统无法满足信息消费发展要求。同时，假冒伪劣商品、虚假宣传等传统消费问题在网络上被快速宣传放大，新产品、新技术的发展导致安全形势日趋严峻，需要继续做好引导工作，加大支持力度，有效推动我国信息消费持续升级。

个人信息泄露问题频发。网络诈骗、网络攻击、隐私窃取等网络安全事件时有发生，二维码盗刷、公众号诈骗等问题侵害消费者权益。约70%的消费者认为“个人信息安全”会影响自己对信息产品或信息服务的消费，个人信息安全是除产品本身质量和价格的第一影响因素，36.9%的消费者关注是否存在捆绑下载、乱扣费等问题，而33.9%的消费者对平台维权渠道是否畅通表示关注。

工业和信息化部依据相关法律法规，组织第三方检测机构对消费者反映突出的开屏弹窗“乱跳转”“关不掉”，以及违规收集使用个人信息等问题进行检查，发布《关于侵害用户权益行为的App（SDK）通报》（2024年第1批，总第36批），通报31款App（SDK）存在侵害用户权益行为。

大数据“杀熟”侵害消费者权益。数字平台企业（例如，电子商务、网络旅游、网络出行等领域的企业），搜集消费者的个人资料、流量轨迹、购买习惯等信息，并通过大数据分析等技术手段，向不同的消费者推送同一产品的不同价格，“越搜越贵”现象屡屡发生，严重违背了定价公平原则，侵犯消费者合法权益。北京市消费者协会曾委托北京阳光消费大数据研究院对4000多名受访者展开调查，发现86.91%的受访者认为有过被大数据“杀熟”的经历。企业种种价格歧视性定价行为长期存在，不仅会影响国民经济的健康发展，也会损害广大消费者的消费信心与公平公正市场秩序的建立。

网络诈骗增加消费者的消费担忧。网络安全事件更加多样，操作过程更加隐蔽，增加了消费者网上消费的顾虑，损害了消费者对信息消费安全的信心，导致消费者不敢消费，制约信息消费需求的释放。大数据分析技术和机器人的使用，让网络诈骗信息的传播更加精准、成本更加低廉，外呼机器人一天可以拨打5000个电话，是人工的10倍。利用人工智能技术的“钓鱼”团队，8个人的效率是传统人工的1000倍。第52次《中国互联网络发展状况统计报告》显示，截至2023年6月，在网民遇到的各类网络安全问题中，遭遇个人信息泄露的网民比例最高，为23.2%，其次是网络诈骗，为20.0%。

电子商务企业不正当竞争依然存在。电子商务市场的兴起和繁荣，提高了交易效率和生产效率，助推了大众创业、万众创新，方便了市场主体和民众生活，同时，也给各大电子商务企业带来巨大的市场竞争压力。因此，不少电子商务企业，实行不正当竞争以此稳固其利益最大化。一是“掐尖式”并购。现有企业为了维持自己的市场优势，对可能会成为垄断型企业的竞争对手实行并购。二是滥用市场支配地位，强迫实施“二选一”裹挟商家在平台独家上线，否则平台会给予商家一定的处罚，例如降曝光量、提佣金。三是虚假宣传与刷单，利用“网络名人效应”虚假评价与利用搜索引擎竞价排名、雇佣“刷手”刷单炒信，以此提升企业或平台的“信誉”，吸引消费者。互联网环境中的不正当竞争行为具有实时灵活性、违法成本低、传播速度快、覆盖范围广、技术深度介入等特点，对企业经营发展带来较大的影响，同时也损害了消费者权益，影响信息消费可持续发展。

第七章

持续推动消费新模式新业态健康发展

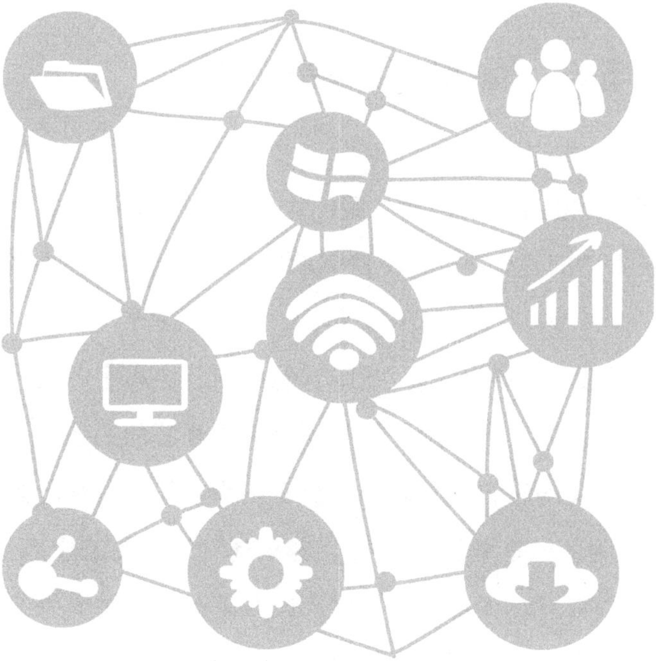

信息消费顺应了经济结构转型升级的发展趋势，下一步亟须发挥全社会的共同力量，以满足人民群众期待和经济社会发展需要为出发点和落脚点，不断打破信息消费发展的瓶颈，促进新一代信息技术向消费领域广泛渗透，让更多人民群众都能共享技术进步成果，以丰富、便捷、规范、安全的信息消费助力经济发展和民生改善，为实现高质量发展注入源源不断的动力。

推动居民实际收入增长，提振居民消费能力

居民收入水平是消费需求的基础。当前，我国居民消费在 GDP 中的比重相对偏低，存在较大的提升空间。全面促进消费需求提升，需要系统性提高居民的收入水平。

巩固提高居民收入水平的所有制基础。在所有制层面，提高居民收入水平以增强消费能力，需要正确处理公有制经济与非公有制经济的关系，为全面提高居民收入水平奠定坚实的所有制基础。以公有制为主体、多种所有制经济共同发展的基本经济制度，是中国特色社会主义制度的重要组成部分，是我国经济社会发展的重要保证，也是我国各族人民共享改革发展成果的制度保证。非公有制经济作为我国国民经济的重要组成部分，在稳定增长、创新创业、改善民生等方面发挥着重要作用。因此，提高居民收入水平以增强消费能力，一方面，要毫不动摇地巩固和发展公有制经济，巩固公有制经济的主体地位。另一方面，要毫不动摇地鼓励、支持和引导非公有制经济发展，充分发挥民营企业在稳就业促增收中的重要作用。

坚持和完善以按劳分配为主体、多种分配方式并存的分配制度。在分配层面，提高居民收入水平以增强消费能力，需要根据我国经济社会的发展实际，

把握好按劳分配与其他分配方式之间的关系，从而系统地推进财富与收入分配机制的科学性与合理性，为提高居民收入水平和增强消费能力奠定坚实的分配制度基础。一要坚持按劳分配原则。每个劳动者在生产中提供的劳动数量和质量是进行各项必要扣除后劳动产品分配的基本依据，从而在初次分配环节实现生产单位内部劳动者之间的劳动平等与报酬平等。同时，按劳分配原则承认与区分劳动差别，能够较为科学、充分地反映科研劳动、管理劳动和高技能劳动在生产中的实际贡献。二要坚持和完善财富和收入分配的系统性调节制度。坚持和完善初次分配环节国家对财富和收入分配的调节制度。在初次分配环节，通过财富和收入分配相关法律法规的制定和执行，发挥对财富和收入分配的规范与调节作用，以保障劳动者在初次分配中的正当权益。在再分配环节，通过再分配制度体系矫正和调节初次分配环节形成的收入过度分化趋势，推动居民收入在国民收入分配中的比重达到较高水平，并在经济发展进程中促进居民收入增长与经济发展同步。三要稳定消费预期和信心，进一步完善各项社会保障体系。持续降低居民在住房、医疗、教育方面的支出，切实增强居民可支配收入和抵御风险能力，稳定市场主体和消费者预期。四要通过税收等手段来科学调节高收入群体过高的财富和收入，通过完善社会保障制度等方式来适当提高低收入群体的收入水平，并运用和健全法治手段取缔非法收入。

系统推进高质量的就业，增强消费关键支撑

在我国经济发展过程中，就业是最大的民生。就业与收入分配和消费需求密切相关，结合我国就业形势的严峻性，探索新发展阶段如何以新发展理念引领就业优先战略的实施。

第一，客观上要求把以全面提升劳动力素质为核心内容的人力资源开发战略作为21世纪我国经济社会发展的重要战略。劳动力素质在我国经济长期发展中的地位越来越凸显。从长期看，由于人口惯性，我国经济活动人口逐渐呈下降趋势，劳动力素质的提高将逐渐成为我国经济发展的主要驱动力。因此，人力资源开发战略的实施应从体力和脑力两个方面全面提升劳动力素质。一方面要大力推进医疗保健事业高质量发展，不断提升医疗保健服务水平，从而不断提高人们的身体素质。另一方面要系统推进教育事业高质量发展，既要大力发展普通教育，又要注重职业教育和产业技能培训体系的建设，从而形成终身学习的教育体系。

第二，就业优先战略需要与促进就业的政策措施相结合。在新发展阶段，随着供给侧结构性改革的深入推进，想要化解过剩产能，必然会引起一定规模的失业。而人工智能等新兴产业的发展引起劳动方式和劳动内容的变化，客观上要求人们不断学习新知识和新技能。因此，以共享发展理念引领就业优先战略的实施，需要将扩大就业与提高劳动力素质有机结合。一方面，政府要通过鼓励创业创新优惠政策和吸纳就业扶持政策拓展就业空间，从而增加就业岗位与就业机会。另一方面，政府要通过强化职业培训和就业服务来提高劳动力素质，从而提高劳动者的就业能力与就业质量。

推广信息技术深度融合，加快企业数字化转型步伐

一是抓系统性布局，推动数字技术应用更广更深。鼓励各类平台、机构对中小微企业实行一定的服务费用减免措施，降低中小微企业数字化转型难度。组织实施数字化转型行动计划，制定推广新一代信息技术发展应用急需的标

准，推动企业上“云”、用“云”，全面深化研发、生产、经营、管理、服务等环节的数字化应用，培育数据驱动型企业，鼓励企业以数字化转型加快组织变革和业务创新。打造多层次的工业互联网平台体系，发展基于平台的数字化管理、智能化生产、网络化协同、个性化定制和服务化延伸等新模式，培育工业电子商务、共享经济、平台经济、产业链金融等新业态，打造“云”上产业链，促进大中小微企业融通发展，提升整个产业的整体竞争力。

二是抓示范引领，依托数字化实现传统产业的迭代升级。紧盯政策导向，围绕数字经济建链、补链、强链需求，将传统产业与智能硬件、高端装备制造等重点产业相结合，鼓励建设一批智能工厂、数字车间、智能生产线，推广智能制造示范应用项目，打造一批标杆企业，加快数字经济与传统产业的融合发展，促进产业迭代升级。特别是要大力支持具有产业链带动能力的骨干企业，以点带面地带动下游企业加快数字化转型，提升产业效能和效益，快速形成“剧场效应”“鲶鱼效应”。

三是抓市场拓展，依托数字化实现传统产业发展新突破。要充分发挥传统产业现有的区位优势，全力开拓和培育传统产业数字化市场，做好“筑巢引凤”，做大做强专业市场，形成项目合力和县域特色。要依托传统产业的市场渗透力，通过大数据分析，挖掘市场新需求，带动传统产业创新产品快速市场化、商品化，培育市场消费的新热点。要加强与高校、科研院所对接合作，通过产业基金招商、产业链招商、“产、学、研”合作等多种方式，充分发挥地域“产、学、研、销”整体区位优势。

四是抓优化服务，全力营造数字经济良好发展新环境。高质量编制县域数字经济发展专项规划，建设数字经济产业园（小微园），科学布局数字经济产业，做好空间储备等配套工作，加大政策扶持力度，促进资金、土地、能源等要素资源优化配置。充分发挥科创中心作用，加强对数字经济、智能制造一体化等方面专业人才的引进和培育。通过组织专题座谈会、培训会及外出考察学习，进一步增强企业数字化转型意识和能力。

培育壮大新模式新业态，激发消费持久活力

一要加大新技术新终端研发。加大5G与云计算、大数据、人工智能、物联网等新技术研发投入，发挥新一代信息技术的聚合效应，加快消费类电子产品的智能化、个性化升级，推动可穿戴设备、VR设备、消费级无人机、智能服务机器人等高端智能消费产品的迭代演进。

二要持续培育新业态新应用。推进4K/8K超高清视频、VR/AR、云游博物馆等文化产品发展，增加更多高质量精品内容。持续提升互联网与传统行业融合的信息系统集成服务能力，拓展信息消费领域和范围，不断培育壮大“线上+线下”“产品+应用”的新型服务模式。

三要统筹推进补齐短板和锻造长板。针对关键技术，要联合集中攻关，争取在核心技术上实现突破；针对产业链供应链长板，要逐步形成产业优势。加强创新型、应用型、技能型人才培养，壮大高水平工程师和高技能人才队伍建设，为保障信息消费稳定发展提供持久动力。

规范市场经营竞争秩序，维护公平健康环境

一要加大用户个人信息的保护力度。目前，中国个人信息保护法律体系已经初步建立，未来还需要进一步完善个人信息保护、数据隐私等方面的法律法规和监管体系，并加大实际落地监管力度。同时，要促进数据的合理使用，在

充分保护个人信息的前提下，探索实现更加精确的数据确权、更加便捷的数据交易和更合理的数据使用，激发市场主体活力和科技创新能力。

二要持续开展App侵犯用户权益问题的专项整治工作。一方面，政府部门和相关机构将加强对App的审核和管理，确保其符合相关法律法规和标准，尤其是在个人信息保护方面。对于存在侵犯用户权益问题的App，将采取下架、整改、处罚等措施。另一方面，政府部门将加大对App的监管力度，包括对其收集、使用和保护用户个人信息的行为进行监督和管理。例如，对于存在问题的App，将依法依规进行处理，并公开曝光典型案例。

三要加强互联网行业市场的竞争监管，推进行业不正当竞争的专项整治行动。综合运用实地核查、拨测检查、技术检测等方式，整治恶意屏蔽、强制捆绑、流量劫持、违规经营等扰乱市场竞争秩序的行为，加强信用管理，实施失信惩戒。要加强与相关部门协调配合，不断形成监管合力。指导头部企业率先垂范，带头执行互联网行业管理规范，为中小型企业的成长拓展更多空间，让各类企业在公平合理的规则下健康有序发展。

扩大数字设施覆盖范围，增强全民获得感

一要推动城乡网络基础设施提速升级。推动宽带网络从“覆盖普及”向“提速提质”转变，从“普惠降费”向“精准降费”转变。加快“千兆城市”建设，持续扩大千兆光纤网络覆盖范围，推进城市及重点乡镇千兆光纤网络设备规模部署，开展城镇老旧小区光接入网能力升级改造。完善产业园区、商务楼宇、学校、医疗卫生机构等重点场所的千兆光纤网络覆盖。推动全光接入网进一步向用户终端延伸，推广实施光纤到房间、到桌面、到机器，按需开展用户

侧接入设备升级。稳步推进5G网络建设，优化城区5G网络覆盖，重点加强对交通枢纽、大型体育场馆、景区等流量密集区域的5G网络深度覆盖，优化产业园区、港口、矿厂等场景的5G网络覆盖，开展毫米波部署测试，推动提升5G室内外覆盖水平。深入推进5G网络共建共享，逐步形成流量密集地区多网并存、边远地区一网托底的移动通信网络格局，更好地赋能信息消费扩容释放。

二要积极发展高效协同的融合基础设施。打造全面互联的工业互联网，支持工业企业对工业现场“哑设备”进行网络互联能力改造，支撑多元工业数据采集。提升异构工业网络互通能力，推动工业设备跨协议互通。支持工业企业运用新型网络技术和先进适用技术改造企业内网，探索在既有系统上叠加部署新网络、新系统，推动信息技术网络与生产控制网络融合。开展企业外网建设，推动工业企业、工业互联网平台、标识解析节点、安全设施等接入高质量外网。

三要积极开展车联网基础设施建设。推动C-V2X与5G、智慧交通、智慧城市等统筹建设，加快车联网基础设施在主要城市道路规模化部署，探索车联网基础设施在部分高速公路路段试点应用。推动车联网关键技术研发及测试验证，探索车联网运营主体和商业模式创新。协同汽车制造、交通等行业，推广车联网应用，加速车联网终端用户渗透。

四要加快信息终端普及和升级。支持企业推广面向低收入人群经济适用的智能手机、数字电视机等信息终端设备，开发面向老年人的健康管理类智能可穿戴设备。推广适合农村及边远地区的移动应用软件和移动智能终端，构建面向新型农业经营主体的生产和学习交流平台。针对少数民族人群，推动民族语言软件研发，减少少数民族人们使用移动智能终端和获取信息服务的障碍。鼓励各地采用多种方式促进信息终端普及，例如政府采购、补贴、定向资助等。

加快试点示范城市建设，优化信息消费体验

一要推动试点示范城市的创新发展。在总结经验的基础上，不断开阔新思路，通过资金引导、政策配套推动试点示范城市的创新发展。在综合实力较强的地区（例如，京津冀、长三角、珠三角地区），引领前沿技术和线上 + 线下深度融合应用，加大数字内容、远程医疗、云展览、C2M 反向定制、新型终端产品消费等重点消费领域的创新发展力度，打造信息消费发展的标杆。在产业特色明显的地区（例如，合肥人工智能领域等）可积极发挥区域优势，打造区域性人工智能创新中心，在智能家居、智能安防等领域探索形成一批发展前景广阔、示范效应强大的示范项目和发展模式。

二要积极开展信息消费技能培训和体验活动。针对“不会用”的问题，鼓励各地紧密联合行业骨干企业，面向老年人群体开展信息技术培训，广泛普及相关知识，提升老年人信息技能。同时，支持企业加快建设体验中心，运用 VR、交互娱乐等技术丰富消费体验，培养消费习惯。鼓励行业组织积极举办信息消费领域的系列大赛，带动社会各界协同参与，扩大信息消费影响力。

积极完善配套政策保障，营造放心消费环境

一要坚持包容审慎监管。深入推进“放管服”改革，进一步简化行政审批，探索创新监管模式，积极鼓励创新，健全触发式监管机制，构建各类主体参与

的多方协同治理体系。及时完善监管政策制度，加大对恶意诋毁、恶意干扰、互不兼容等互联网不正当竞争行为的监管力度，为新模式新业态的发展留足空间。

二要保护用户权益。依法严厉打击非法攻击、网络诈骗、侵犯个人隐私等违法犯罪行为。深入开展数据安全和用户个人信息保护专项检查，加大对泄露个人信息等违法违规行为的惩处力度，促进民众放心消费。加强 12315 行政执法体系和消费者维权信息化建设，形成线上 + 线下相结合的消费者维权服务体系，强化对消费者权益的行政保护。

三要推进消费领域信用体系建设。充分运用全国信用信息公共服务平台、金融信用信息基础数据库等，建立健全企业和相关人员的信用记录。强化“信用中国”网站和国家企业信用信息公示系统的公开功能，为民众提供信用信息“一站式”查询和消费预警提示服务。